共和国历史珍贵瞬间

杨继红
朱大南
编著

图书在版编目（C I P）数据

共和国历史珍贵瞬间 / 杨继红，朱大南编著．-- 北京 ：中国大百科全书出版社，2020.6

ISBN 978-7-5202-0763-8

Ⅰ．①共… Ⅱ．①杨… ②朱… Ⅲ．①中国历史—现代史—史料 Ⅳ．① K270.6

中国版本图书馆 CIP 数据核字（2020）第 090206 号

责任编辑 王 宇
封面设计 今亮后声 · 王秋萍 胡振宇
版式设计 孙 怡
责任印制 魏 婷
出版发行 中国大百科全书出版社
地 址 北京阜成门北大街 17 号
邮政编码 100037
电 话 010-88390636
网 址 http：//www.ecph.com.cn
印 刷 小森印刷（北京）有限公司
开 本 787 × 1092 1/16
印 张 13.25
字 数 252 千字
印 次 2020 年 6 月第 1 版 2020 年 7 月第 2 次印刷
书 号 ISBN 978-7-5202-0763-8
定 价 68.00 元

前　言

1949年10月1日，世界的东方第一次出现了一个响亮的名字——中华人民共和国！

从这一天开始，亿万中国人民结束了任人欺凌、宰割的屈辱史，成了国家、社会和自己命运的主人，开始满怀豪情地创造新的生活。

果然，从这一天开始，中国大地上，出现了许多惊天动地的“第一次”。

这些“第一次”都是里程碑的突破，也许不完善，却意义非凡。如果说建国初期的一次次破茧成蝶，让满目疮痍的中国变得有血有肉，那么改革开放后的一次次创新发展，则彻底唤醒了沉睡的中国，走上了中华民族的伟大复兴之路。

七十载风云激荡，旧貌换新颜。我们从这无数的里程碑中选取了100则最振奋人心的珍贵的第一次，并且搜集了珍贵的历史图片，奉献给我们的读者。

我们相信，从这70年走过来的中国人，会从这些熟悉的图片中，想起那些热血沸腾的激动时刻，忆起那些抛洒汗水的峥嵘岁月。

我们相信，年轻一代的中国人，会从这些珍贵的图片中，看到无数前辈们夜以继日的艰苦奋斗，看到创新的中国正昂首走向世界。

我们也相信，许多读者在翻阅这本图册时，一定会触动自己，勉励自己在创新之路上坚定地走下去。

历史继续前行，等待人们去创造的，是更多的第一次。下一个第一次，也许就是你创造的。

余心言

2019年5月

目录

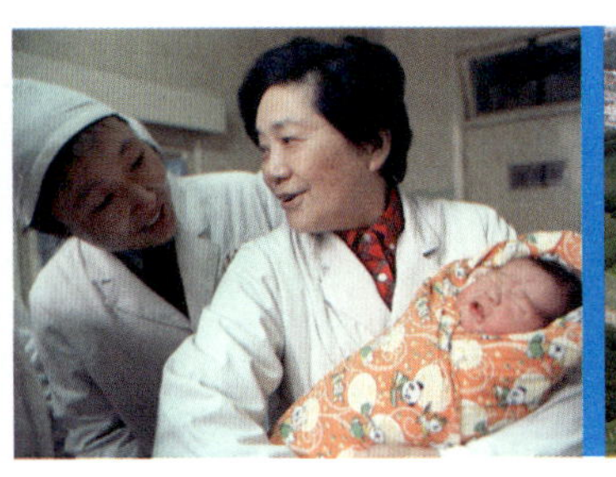

目录

中国梦

1949

1949 年 9 月 21～30 日，中国人民政治协商会议第一届全体会议在北平（今北京）召开

中国人民政治协商会议第一届全体会议

中国人民政治协商会议第一届全体会议于 1949 年 9 月 21～30 日在北平（今北京）举行。毛泽东宣布盛典正式开幕，乐队奏起《人民解放军进行曲》，礼炮在场外隆隆齐鸣。

共有 634 人参加全国政协第一届全体会议。会议涉及的每一个任务，都是开基立业的大事：协商并确定以新民主主义（即人民民主主义）为中华人民共和国建国的政治基础；代表全国人民的意志，执行全国人民代表大会的职权；宣布中华人民共和国的成立；组织人民自己的中央政府。会议通过了《中国人民政治协商会议共同纲领》《中华人民共和国中央人民政府组织法》《中国人民政治协商会议组织法》。会议选举产生以毛泽东为主席，朱德、刘少奇、宋庆龄、李济深、张澜、高岗为副主席，陈毅、贺龙、李立三、刘伯承、吴玉章、徐向前、彭真、薄一波、聂荣臻、周恩来、董必武、赛福鼎、饶漱石、陈嘉庚、罗荣桓、邓子恢、乌兰夫、徐特立、蔡畅、刘格平、马寅初等为委员的中央人民政府委员会。会议一致通过了 4 个决议案：①中华人民共和国国都定于北平，9 月

中国人民政治协商会议第一届全体会议会场

邓颖超（右）同蔡畅在中国人民政治协商会议第一届全体会议上

27 日起北平改为北京；②中华人民共和国的纪年采用公元纪年，本年为1949年；③在中华人民共和国国歌未正式制定前，以《义勇军进行曲》为代国歌；④中华人民共和国的国旗为五星红旗，象征中国革命人民大团结。

中国人民政治协商会议第一届全体会议选举产生的第一届中央人民政府主席毛泽东（左三）和副主席刘少奇（左一）、朱德（左二）、宋庆龄（右三）、李济深（右二）、张澜（右一）在大会主席台上

第一届中央人民政府

中华人民共和国立国之日是 1949 年 10 月 1 日。然而，要问起第一届中央人民政府组成的确切日期，可能知之者甚少。第一届中央人民政府组成时间和共和国成立为同一日，并且第一届中央人民政府委员会第一次会议是在开国大典举行前的一个小时——1949 年 10 月 1 日下午 2 时召开的。

早在政治协商会议筹备会议上，周恩来就对政府的组成提出了设想。在这个设想的基础上，中国人民政治协商会议第一届全体会议经过充分的讨论，一致通过了《中华人民共和国中央人民政府组织法》，会议选举毛泽东为中央人民政府主席，朱德、刘少奇、宋庆龄、李济深、张澜、高岗为副主席。

10 月 1 日下午的中央人民政府委员会第一次会议由毛泽东主持，首先是中央人民政府主席、副主席、委员宣布就职，中央人民政府宣告成立。选举林伯渠为中央人民政府委员会秘书长，任命周恩来为政务院总理兼外交部长，毛泽东兼人民革命军事委员会主席，朱德兼中国人民解放军总司令，沈钧儒为最高人民法院院长，罗荣桓为最高人民检察署检察长。会议结束后，在天安门广场举行开国大典，毛泽东主席庄严宣布："中华人民共和国中央人民政府今天成立了！"

10 月 19 日，毛泽东主席主持召开了中央人民政府委员会第三次会议，正式通过了政务院副总理及其下属委、部、会、院、署、行主要负责人的任命。政务院下属 34 个机构的 109 个正副职位，民主人士占 49 个，其中 15 个为正职。

中华人民共和国中央人民政府在历史上起过重要的作用。中央人民政府委员会在它存在的 5 年中，举行过 34 次会议，通过了一系列法律，决定了国家生活中的许多重大事项。

建国初期悬挂在中南海新华门内迎门的影壁上的"中央人民政府"牌匾

1949 年 10 月 1 日，第一届中央人民政府委员会举行第一次会议，任命毛泽东为人民革命军事委员会主席

1949

开国大典上，毛泽东宣读《中央人民政府公告》

天安门前第一次盛大典礼
——开国大典

中国人民政治协商会议第一届全体会议宣告了中华人民共和国的诞生。毛泽东曾为开国大典选定了一个日子：1950 年 1 月 1 日。谁知人民解放军很快进入北平、天津，等不到 1950 年元旦了。立国的日子在势如破竹的胜利之中被定在 1949 年 10 月 1 日。

1949 年 10 月 1 日，群众队伍从早上六七点钟开始就陆续来到了天安门广场。人们在静静等待开国大典的那一刻。

开国大典时的天安门广场

天安门城楼上挂着8盏大红宫灯和8面红旗。

下午2时55分，毛泽东身穿特制的中山服，带领朱德、刘少奇、宋庆龄、李济深、张澜、周恩来等新政权领导人登上天安门城楼。顿时，群情激动，排山倒海的掌声、欢呼声响彻云霄。3时整，林伯渠宣布开国大典开始。军乐队奏起了代国歌《义勇军进行曲》。

毛泽东走到扩音器前，朝广场深深地望了一眼，以沉稳、激昂的湖南乡音，向全国、全世界庄严宣布："中华人民共和国中央人民政府今天成立了！"毛泽东按动电钮，五星红旗冉冉升起。同时，代表第一届政协会议54个组成单位的54尊礼炮齐鸣，持续28响，象征着中国共产党领导中国人民英勇斗争的28年。

盛大的阅兵式开始。阅兵首长、人民解放军总司令朱德由阅兵总指挥聂荣臻将军陪同检阅陆海空三军，由海军方队为先导的阅兵部队雄赳赳经过广场。当坦克轰鸣驶来时，天空上出现了空军的机群。在过去的七十年中，天安门广场还举行过中华人民共和国的10年庆典、35周年阅兵式、50周年阅兵式、60周年阅兵式……然而，每一位中国人永远不会忘记1949年那个"萧瑟秋风今又是，换了人间"的开国大典。

第一枚国徽

国徽是国家正式象征和标志之一，代表国家的主权和尊严。各国国徽的式样、图案、色彩和适用办法，通常由宪法或专门法律规定。国徽通常悬挂于本国政府机关、外交代表机构等处的显要位置。

1949 年 7 月 10 日，距中华人民共和国开国大典不足百天，新政治协商会议筹备会对国徽设计提出要求：“（甲）中国特征；（乙）政权特征；（丙）形式须庄严富丽。”并发表启事向全国征集国旗、国徽图案及国歌词谱。

中华人民共和国国徽，中间是五星照耀下的天安门，周围是谷穗和齿轮。用于悬挂的国徽，直径的通用尺度为三种：100 厘米、80 厘米、60 厘米

全国政协第一届委员会第二次会议同意国徽审查组代表马叙伦关于国徽图案审查意见的报告，并通过了国徽图案，建议中央人民政府委员会采用

毛泽东亲自主持通过决议，同意国徽审查组的报告和所拟定的国徽图案

9月25日晚8时，毛泽东、周恩来在中南海丰泽园召开会议，协商国旗、国徽、国歌等问题，大家对国徽应征图稿都不满意。毛泽东最后说，国旗决定了，国徽继续设计，等将来交给政府去决定。

1950年6月20日，国徽审查组召开会议，评审清华大学营建系与中央美术学院提出的方案。最后清华大学营建系的梁思成、林徽因等8位教师设计的国徽方案中选，并送政协大会表决。

清华大学营建系获得了国徽设计一等奖，并领到了1000万元(旧币)的奖金。全国政协第一届第二次会议上，毛泽东主席亲自主持通过决议，同意国徽审查组的报告和所拟定的国徽图案。

国徽图案通过之后，清华大学营建系雕塑教授高庄承担了完成国徽立体浮雕模型的任务。

1950年8月中旬，中共中央同意了高庄所做的国徽浮雕模型。9月20日，毛泽东主席签署中央人民政府命令，公布中华人民共和国国徽图案及说明："国徽的内容为国旗、天安门、齿轮和麦穗，象征中国人民自'五四'运动以来的新民主主义革命斗争和工人阶级领导的以工农联盟为基础的人民民主专政的新中国的诞生。"

1990年6月28日通过的《全国人民代表大会常务委员会关于惩治侮辱中华人民共和国国旗国徽的决定》，对在公共场合故意侮辱国徽的行为，规定了明确的法律制裁措施。

1991年3月2日通过的《中华人民共和国国徽法》，对国徽的制作、悬挂、使用等作了明确规定。国徽按规定悬挂于中央和地方国家机关、驻外国使馆及领事馆的正门上方的正中处，还用于有关国务院颁发的荣誉文书证件、外文文书以及护照封面等处。各级人民政府、外交部及驻外使领馆所用的钢印、戳记中间也雕刻国徽。国徽不得用于工商业制品的标记、装饰、广告、图案和日常生活的陈设布置。

第一次整治腐败运动——“三反”运动

1951 年 12 月，薄一波在“三反”动员大会上讲话

提起打虎，人们自然会想起景阳岗上的打虎英雄武松。中华人民共和国成立后，中国出了一位最大的“打虎英雄”，他就是中国共产党。他领导了共和国第一次大规模的整治腐败运动——“三反”运动。当时人们管贪污分子叫“老虎”，所以这次运动又叫“打老虎”运动。

随着解放战争的胜利，从中央到地方，各级新政权相继建立，干部队伍急剧扩大，旧政府留用人员占有很大比重。在资产阶级“糖衣炮弹”的进攻下，党和政府中的部分工作人员产生了严重的贪污、浪费、官僚主义思想和行为，少数人蜕化变质。

1951 年 12 月 1 日，中共中央发出《关于实行精兵简政、增产节约、反对贪污、反对浪费和反对官僚主义的决定》，要求采取自上而下和自下而上相结合的方法，检查贪污、浪费现象，并成立了由薄一波任主任的中央节约检查委员会。12 月 8 日，中共中央又发出《关于反贪污斗争必须大张旗鼓地去进行的指示》。从此，一场轰轰烈烈的反贪污、反浪费、反官僚主义的“三反”运动在全国展开。1952 年 1 月 4 日，中共中央指示，要求立即限期发动群众开展斗争，使“三反”运动迅速进入高潮。在运动中，党和各级政府充分发动群众，实行群众检举，查出一大批贪污、盗窃案件。

1953 年 10 月 25 日，中共中央批准了安子文关于“三反”运动的总结报

告，“三反”运动胜利结束。“三反”运动加强了执政党的建设，纯洁了中国共产党和干部队伍，密切了党与人民群众的联系，提高了广大干部和群众抵制资产阶级腐朽思想侵蚀的能力，是共和国成立以来整治腐败的第一仗。

共和国反腐第一案
——刘青山、张子善贪污案

1952 年 2 月 10 日，河北省人民法院举行刘青山、张子善公审大会

中华人民共和国成立初期曾任中共天津地委书记、中共石家庄市委副书记的刘青山和曾任中共天津地委副书记、书记的张子善，贪污盗用机场建筑费、救灾粮、河工粮、地方粮及银行贷款等共计 171 万元；并利用这些资财，投资所谓“机关生产”，勾结奸商进行违法经营。刘、张二人克扣河工口粮，致使民工食品粗劣短缺，造成病、残、亡 10 余人。天津各区县一些干部仿效刘、张做法，克扣农民钱粮泛滥成风。

刘青山、张子善分别于 1931 年和 1933 年入党，经历过土地革命、抗日战争和解放战争的严峻考验，曾经为共和国的诞生做出过贡献。但在进城后，他们被资产阶级思想和生活方式腐蚀，蜕化变质，成了人民的罪人。

1952 年 2 月 10 日，河北省人民法院奉中央人民政府最高法院命令，举行公审大会，判处刘青山、张子善死刑立即执行，没收全部个人财产。

毛泽东对此事极为关注，1952 年 2 月 29 日在审阅《人民日报》送审新闻稿时批示：“照发。应予三十日见报。”

刘青山、张子善是中华人民共和国成立初期被处决的共产党最高级别的干部。这一次重大反腐行动，被称为“共和国反腐第一案”。

1952

第一座无名烈士纪念碑
——人民英雄纪念碑

人民英雄纪念碑位于北京天安门广场的中央，是为纪念1840年以来为反对国内外敌人，争取民族独立和人民自由幸福，在历次斗争中牺牲的人民英雄而建。1952年8月动工，1958年4月建成。

1953年，成立了人民英雄纪念碑美术创作组，由国家文物局局长郑振铎任组长，雕刻家刘开渠和画家彦涵任常务副组长。

人民英雄纪念碑碑心石采自青岛浮山大金顶一带，石料重达100多吨。采运工作自1953年4月11日动工至10月16日石料运抵天安门广场工地，历时6个多月。7116名工人参加了这项工作。

存。下层巨座四围镶嵌着8块巨大的汉白玉浮雕，分别是《虎门销烟》《金田起义》《武昌起义》《五四运动》《五卅运动》《南昌起义》《抗日战争》《渡江战役》。浮雕上雕刻着180个人物，概括而生动地表达了我国近百年来人民革命的伟大史实。座下是围着汉白玉栏杆的两层平台。四面有台阶伸向四周花坛。整个建筑是由1.7余万块花岗石和汉白玉砌成的，高大挺拔，秀丽庄严，雄浑明快。人民英雄纪念碑是我国进行革命传统教育的基地之一，每天有众多国内外人士前往参观瞻仰。

1958年5月拍摄的矗立在天安门广场上的人民英雄纪念碑

承托碑身的双层巨座，上层四围刻着由中国人民喜爱的菊花、牡丹、荷花等组成的8个花环，表示对革命先烈纯洁坚强的高贵品质的怀念和尊敬，象征人民英雄的革命精神万古长

每年的烈士纪念日——9月30日，国家都会在人民英雄纪念碑前举行纪念仪式，缅怀英雄烈士

第一次发行粮票

20 世纪 50 年代末，山东济南历下区第七粮店服务员刘祚生正在秦大娘家开粮票

粮票是计划经济的产物，作为购粮凭证，伴随国人长达 40 年。

20 世纪 50 年代初，我国粮食极度短缺。政务院于 1953 年 10 月 19 日发布命令：全国实行粮食计划供应，采取凭证定量售粮办法。粮票出现了。

1953 年 11 月 1 日，北京开始实行面粉计划供应，印发的“面粉购买证”成为北京城镇居民使用最早的粮票。之后，各种面票、米票相继问世。

20 世纪 60 年代初的三年困难时期，口粮定量全面压缩。北京从 1960 年 8 月起全市饮食业实行凭票用餐，食油、禽、蛋、肉、豆制品、蔬菜也实行限量供应，还增发了补助豆票、糕点票、饼干票、

最小的粮票，被称为“指甲票”

儿童食品补助票、侨汇粮油票、高级脑力劳动者补助油票、节日补助油票……为了奖励农民发展生产，在农村还发行了用于收购猪、鸭、鸡、核桃、杏仁、栗子、蓖麻籽的奖励粮票、油票。

这一时期票据种类繁多，面额千差万别。除了粮、油、布票，有些地方还发放过煤球票、冰棍票、烟酒糖票、豆腐票。粮票的最小面额是“半两”，油票的最小面额是“0.25 钱”。

到了80年代，国民经济形势好转，国家粮食储备逐年增加，鱼肉禽蛋副食供应日渐充足，老百姓口粮不再紧张。1980年国家实行粮食运营双轨制，粮食出现平、议差价，社会上买卖粮票、以粮票易物的现象屡禁不止。90年代以后，粮食供求走向市场，粮票消亡成为历史的必然。继各省、市地方粮票逐步取消之后，1993年5月北京最后停止使用粮票，粮票全面退出历史舞台。

几年后，粮票等票据出现在各地收藏市场，成为一种热门的收藏品。

1955 年发行的第一版全国粮票，纸软、不耐磨

1954

1954 年 9 月 20 日，第一届全国人大一次会议通过《中华人民共和国宪法》

第一部社会主义宪法 ——《中华人民共和国宪法》

1954 年 9 月 15 日，全国人大代表们神情庄严地步入中南海怀仁堂，走上行使国家最高权力的席位。9 月 20 日，他们审议通过了一部真正反映人民意志、代表人民利益的国家宪法。

建立社会主义人民民主的国家体制，是中国共产党人一向追求的目标。在对东西方各国宪法广泛了解、深入研究的基础上，宪法起草委员会完成了宪法草案的初稿。1954 年 3 月 23 日，宪法起草委员会召开第一次会议，毛泽东代表中共中央向会议提出了《中华人民共和国宪法草案(初稿）》。大会决定组织全国各大城市民主党派、人民团体和社会各方面的代表人物 8000 多人，对这个初稿进行讨论。

6 月 14 日，中央人民政府委员会第 30 次会议通过公告，将宪法草案交付全国人民讨论。一场有 1.5 亿人参加的讨论宪法的热潮在全国展开。

9 月 9 日，中央人民政府委员会第 34 次会议讨论并通过了修改后的宪法草案，同时决定正式提交第一届全国人民代表大会审议。1954 年的《中华人民共和国宪法》是中国历史上第一部社会主义宪法，也是一部真正体现人民民主精神的宪法。它包括序言、总纲、国家机构、人民的基本权利和义务 4 章，共 106 条。《中华人民共和国宪法》的诞生，使人民终于有了自己的宪法，国家治理从此有法可依。

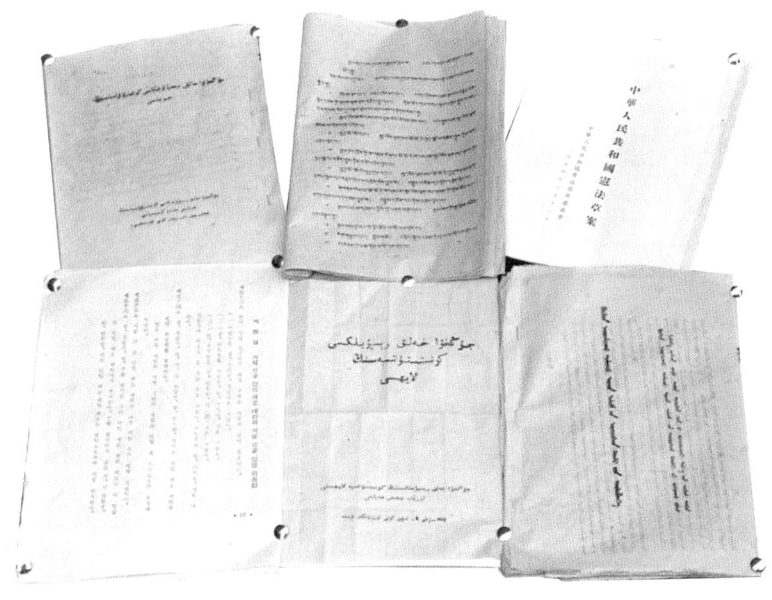

汉文、蒙古文、藏文、维吾尔文、哈萨克文和朝鲜文《中华人民共和国宪法草案》

1954年9月9日，出席中央人民政府委员会第34次会议的全体委员举手通过《中华人民共和国宪法草案》

1975年我国制定了第二部宪法，1978年制定了第三部宪法，1982年制定了第四部宪法。它们继承和发展了第一部宪法，又反映了新时期的特点。1988年、1993年、1999年、2004年和2018年先后对宪法进行了修正。

第一组贯通“世界屋脊”的公路
——川藏公路和青藏公路全线通车

20世纪60年代有一部电影《五彩路》，描写的是几个藏族少年克服重重困难去寻找“五彩路”。这条五彩之路就是沟通祖国内地与西藏的公路。贯通“世界屋脊”的两条交通大动脉——川藏公路和青藏公路，于1954年12月25日同时全线通车，结束了西藏千百年来无公路的历史。

川藏公路起于雅安，止于拉萨，1950年4月动工修筑，全长2255千米。青藏公路始于西宁，迄于拉萨，1950年6月动工，全长2100千米（后缩短为1937千米）。

1950年初，当解放军奉命进军西藏，毛泽东主席指示进藏部队：“一面进军，一面修路。”11万人民解放军、工程技术人员和各族民工以高度的革命热情和顽强的战斗意志，用铁锤、钢钎、铁锹和镐头，劈开悬崖峭壁，降服险川大河。

在4年多的时间里，川藏公路穿越整个横断山脉的二郎山、折多山、雀儿山、色齐拉等14座大山；横跨岷江、大渡河、金沙江、怒江、拉萨河等众多江河；横穿龙门山、青尼洞、澜沧江、通麦等8条大断裂带。工程的巨大和艰险，在世界公路修筑史上是前所未有的。

青藏公路从格尔木至拉萨1200千米的新建工程，从正式施工到通车只用了7个月零4天，速度之快，在世界公路建设史上也是罕见的。在川藏、青藏公路的修筑过程中，3000多名干部、战士和工人英勇捐躯，一代业绩永垂青史。

川藏、青藏公路通车前，从拉萨到

1954年12月25日，青海省各族各界1万多人在西宁市举行了青藏公路通车典礼大会

川藏公路和青藏公路于1954年12月25日同时全线通车

四川成都或青海西宁往返一次，靠人畜驮，冒风雪严寒，艰苦跋涉，需半年到一年；公路建成后，坐汽车只要一个月时间。1954~2004年50年期间，祖国内地通过川藏公路和青藏公路运入西藏的物资共达2000余万吨，两条公路的承运量平均占到进藏物资总量的90%左右。公路大大促进了西藏经济建设的发展和人民生活的改善，改变了西藏长期封闭的状况，对于西藏经济建设和国防建设都具有极为重要的意义。

通车典礼上，西南公路工程局的文工队表演采茶舞

1955

1955 年 6 月 1 日，中国科学院学部成立大会在北京举行

第一个国家级科学研究机构 ——中国科学院学部成立

1949 年，伴随着新中国的诞生，中国科学院成立，以 11 月 1 日为院庆日。中国科学院成立后，十分注意依靠国内高水平科学家参与学术领导，在经历了评议会、科学工作委员会、专门委员会等方案几度讨论与演变后，确定了建立专门委员制度。1953 年初专门委员达 253 人，这为建立学部打下了基础。1954 年 1 月，经政务院第 204 次政务会议批准，中国科学院于 6 月开始筹备建立物理学数学化学部、生物学地学部、技术科学部和哲学社会科学部，并组织全国科学界进行推荐然后会同有关部门反复讨论和协商，提出了第一批学部委员名单草案。1955 年 5 月，国务院第十次全体会议批准了中国科学院第一批学部委员人选，共 233 人。6 月 1 日，中国科学院学部成立大会在北京隆重召开。

中国科学院学部是国家在科学技术方面的最高咨询机构。负责对国家科学技术发展规划、计划和重大科学技术决策提供咨询，对国家经济建设和社会发展中的重大科学技术问题提出研究报告，对学科发展战略和中长期目标提出建议，对重要研究领域和研究机构的学术问题进行评议和指导。

1956年以后，中国科学院学部陆续填补许多重要的空白学科，在配合“两弹”（原子弹、导弹）攻关，开创人造卫星事业，落实“四大紧急措施”（计算机、半导体、无线电电子学、自动化），部署、组织自然资源综合考察，承担国家经济建设中重大科技攻关任务和基础研究的许多领域（如牛结晶胰岛素的人工合成、哥德巴赫猜想研究等），都取得了重要成就。

1977年，中国科学院划出社会科学各研究所，成立中国社会科学院。1986年，89位学部委员建议在中国科学院实行面向全国的自然科学基金，在此基础上成立了国家自然科学基金委员会，为我国基础科学研究发展奠定了重要基础。同年3月，王大珩、王淦昌、陈芳允、杨嘉墀4位学部委员上书党中央，建议加强中国高科技的研究和发展，形成了国家“863”计划。1993年，在王大珩、师昌绪、张光斗、张维、罗沛霖、侯祥麟等学部委员的倡议下，成立了中国工程院，极大推动和提升了我国工程科技事业的发展。

1993年10月，经国务院批准，中国科学院学部委员改称中国科学院院士。1995年选出首届外籍院士。

截至2019年4月，中国科学院设有数学物理学部、化学部、生命科学和医学学部、地学部、信息技术科学部和技术科学部6个学部，有院士780人，外籍院士88人。中国科学院院士是从全国最优秀的科学家中选出，是国家设立的科学技术方面的最高学术称号，为终身荣誉。每两年增选一次。年满80周岁的院士被授予“资深院士”称号。全体院士大会是学部的最高组织形式，学部主席团是院士大会闭会期间的常设领导机构，由中国科学院院长担任学部主席团执行主席。

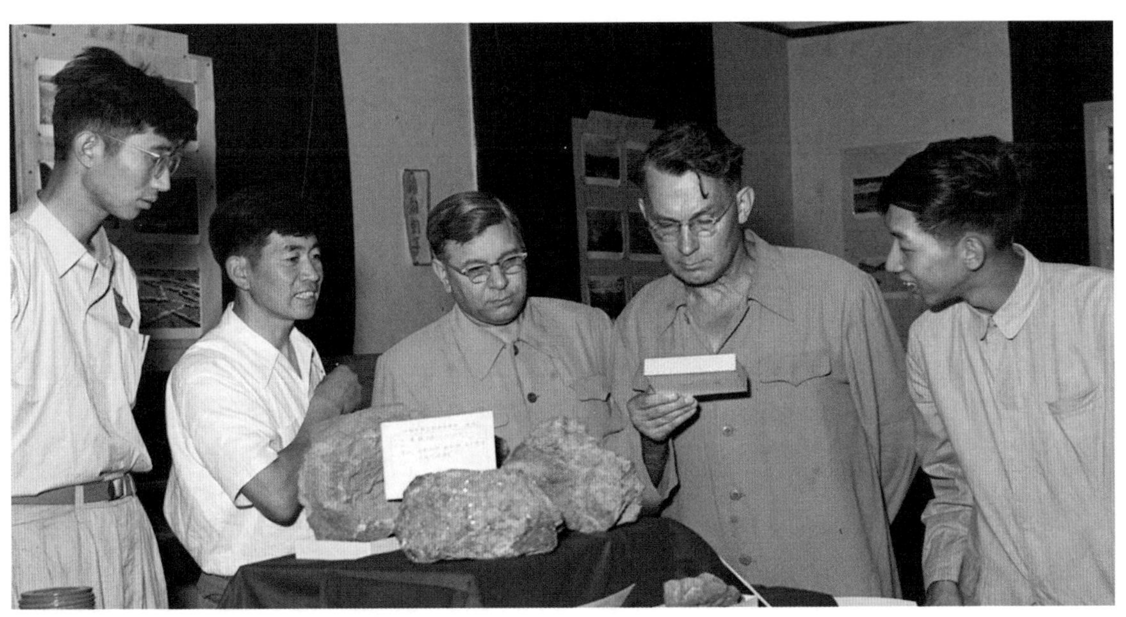

中国科学院学部成立大会期间举办的展览会

第一个五年计划审议通过

1951年春，周恩来、陈云、李富春主持编制第一个五年计划（1953~1957），经过5次修改补充，于1955年7月经第一届全国人民代表大会第二次会议审议通过。

这个计划的基本任务是建立社会主义工业化的初步基础。

第一个五年计划提出，要集中力量进行以苏联援建的156个项目为中心的、由694个大中型建设项目组成的工业建设，以建立社会主义现代化的基础；发展部分集体所有制的农业生产合作社，发展手工业生产合作社，建立农业和手工业社会主义改造的初步基础；基本上把资本主义工商业纳入各种形式的国家资本主义轨道，建立私营工商业社会主义改造的基础。

1956年宣布提前完成了计划规定的任务。1957年生产钢535万吨，原煤1.3亿吨，粮食1.95亿吨。社会总产值平均每年增长11.3%，工农业产值平均每年增长11.1%，农业为4.5%，工业为18%（其中轻工业12.9%，重工业25.4%）。在工农业总产值中，工业总产值的比重由1949年的30%上升到1957年的56.7%，经济结构发生很大变化，为中国工业化奠定了初步基础。5年中，工业全员劳动生产率增长52.1%，农业劳动生产率增长11.9%，工业物质消耗降低2.3%，每百元产值提供利润17.1元；国民收入平均每年增长8.9%。全国城乡居民消费水平平均每年增长4.2%，其中，农民3.2%，职工4.9%。同时，完成了对农业、手工业和资本主义工商业的社会主义改造，为生产力发展创造了有利的条件。但是，由于某些方面要求过急，农、轻、重比例不协调的苗头已经出现，造成市场供应紧张，在这个时期内实行了对粮、棉、油的统购统销。

目前，第十三个五年计划正在实行。五年计划的实施，对中国国民经济发展起到重要的推动作用。

1954年4月21日，第一个五年计划的重点工程之一——哈尔滨电表仪器厂开工典礼

第一批苏联援华重点工程

“一桥飞架南北”的武汉长江大桥、驰骋祖国大地50多年的“解放”牌汽车、耕耘在南北田野上的“东方红”牌拖拉机……这些都是苏联支援我们年轻共和国进行经济建设的产物。在国内许多城市，我们都能看到一些方方正正、墩墩实实、宽庭大柱的苏式建筑，它们在20世纪五六十年代几乎成为中国建筑的一种模式，可以说是看得见的历史了。

中华人民共和国成立时，国民党政府留下的是一个烂摊子，基础工业十分薄弱。中国迫切需要建立自己的工业体系。为此，1950年毛泽东访问苏联，和斯大林签订了《中苏友好同盟互助条约》，条约中规定：苏联将向中国援助工业建设项目。

1952年，“一五”计划草案编制完成后，周恩来率领代表团前往苏联，商谈援建的具体项目。

1955年7月5日，第一届全国人民代表大会第二次会议正式公布“一五”计划草案。其中公布的苏联援建项目为156项，后来实际施工的是150项。

苏联政府还派出3000多名专家来华帮助建设。苏联援建的工业企业，着重体现在帮助中国建立了比较完整的基础工业和国防工业体系。21世纪初，这些老企业都处在转型期间，积极招商引资，进行国有企业的改制和改建。

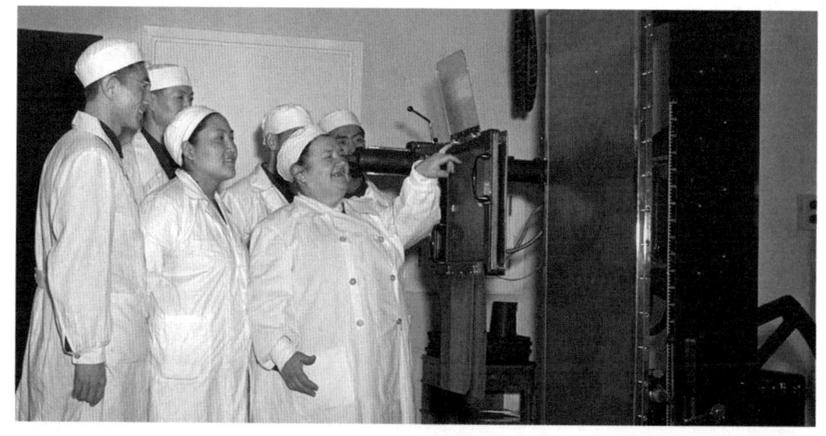

苏联红十字医院（今北京友谊医院）爱克司线科主任佐叶娃向中国大夫和技术员讲解医学仪器的性能和功用

苏联展览馆（今北京展览馆）工程施工期间，苏联专家对工地的各项工作给予很多具体指导

1956

1956 年，国产“解放”牌载重汽车试制成功

第一批国产汽车——“解放”牌汽车

70 多年前，中国的公路上跑的全部是外国的汽车。拥有中国自己制造的汽车，是整整几代中国人梦寐以求的愿望——新中国的建立，将这个梦变成了现实。

1951 年，中国开始大规模地建设经济。中国得到了苏联政府的援助。在苏联援建的 156 项工程中，“第一汽车制造厂”是重要的一项。

1956 年 7 月 13 日，是我国汽车工业发展史上具有里程碑意义的日子，中国人企盼已久的国产汽车终于制造成功。第一辆墨绿色的“解放”牌载重汽车从总装配线上开了下来，从此结束了中国自己不能制造汽车的历史。

在天安门广场上，首都人民纷纷前来参观第一批“解放”牌汽车

第一部轿车——“东风”牌轿车

说起国产轿车，首推“东风”牌。1958 年 5 月，时值中共八大第二次会议在北京召开之际，长春第一汽车制造厂作为中国汽车制造工业第一家，曾结束了我国不能自己大批量生产汽车的历史。1958 年 5 月 12 日，中国自己制造的第一部轿车——“东风”牌轿车试制成功，并于 15 日运抵北京。21 日下午，汽车开进中南海。毛泽东主席观看了第一辆国产“东风”牌轿车，并同林伯渠一起乘坐这辆车在怀仁堂后花园缓缓行驶了两周。下车后，毛主席高兴地对聚集在周围的中共八大第二次会议代表们说：“坐了我们自己制造的小汽车了！”

长春一汽全体职工在致大会的信中，向中共中央和毛主席保证：“要快马加鞭，将单一品种的汽车厂，改造成为多品种的汽车厂。”

如今，长春一汽集团生产的“红旗”“奥迪”已远非当年的“东风”可比。但是“东风”牌轿车在我国汽车工业发展史上占据着重要的位置，“东风”轿车见证了国产轿车从无到有的历史。

1959 年 9 月，长春一汽制造的“红旗”检阅车送往北京，供国庆十周年阅兵使用。从 60 年代开始，“红旗”轿车便被规定为副部长以上首长专车和外事礼宾车。2015 年 9 月 3 日，习近平主席乘“红旗”检阅车检阅受阅部队。

2001 年 8 月 24 日，新中国制造的第一辆轿车——CA71 型东风牌轿车在第二届中国长春国际汽车博览会上展出，1958 年毛泽东主席曾乘坐此车

第一座长江大桥
——武汉长江大桥通车

1957年9月25日，武汉长江大桥正式试通车

长江是我国最长的河流，灌溉着两岸鱼米之乡，也是我国重要的水路运输干线。但长江水深流急，在长达6300千米的江面上，几千年来未建过一座桥梁，它就像一把利剑，切断祖国纵贯南北的铁路、公路运输。历来南北客货运输全靠轮船或木船转载渡江，费时、费力、费事，效率极低。因此在长江上建桥，成为国人千百年来的梦想。

1912年伟大的民主革命先行者孙中山在《建国方略》中提出，要在长江上架桥。1913年北京大学土木工程系师生响应孙中山的号召，到武汉进行建桥勘测。在此后的近40年中，又曾有3次修桥建议，但处在半殖民地状态下的旧中国，民穷财尽，科技落后，修桥便成了泡影。

中华人民共和国成立后，1950年中央政府接受了建造长江大桥的提

1957 年 9 月 25 日武汉长江大桥试通车时，火车通过铁路桥

议。同年 4 月，铁道部便对武汉长江大桥桥址地质做了初步勘探。1953 年 3 月经政务院批准，铁道部武汉大桥工程局正式成立。1954 年通过铁道部《关于修建武汉长江大桥的决议》。1955 年 9 月，武汉长江大桥正式动工兴建。大桥为公路铁路两用桥，全长 1670 米。

这项巨大的工程原定要到 1959 年才能完成，但在苏联专家的帮助下，建桥工人采用世界首创的管柱钻孔法施工，使工期缩短了 23 个月，为国家节约建设资金 3737 万元。1957 年 10 月 15 日，令国人乃至世界瞩目的武汉长江大桥在万众欢呼声中胜利通车了。大桥通车前，4 艘火车轮渡每天只能运输 1000 多车皮货物，一列运输火车依靠轮渡过江需 2～3 小时；一艘汽车轮渡一次运送几辆汽车，一天最多只能运送 300 多辆；遇到大风大雾，轮渡停航，就只能望江兴叹了。大桥通车后，火车过江只需一两分钟，每天通过列车达 170 列以上，基本每隔 8 分钟就有一列火车通过，昼夜通行的各类汽车达 5 万多辆；火车、汽车每年节省过江费用就达 6600 多万元。

武汉长江大桥是中国工程师自行设计，用国产机械与钢材施工，靠中国财力投资建造的。这座在中国第一个五年计划里，靠中国人民自己的人力、物力和财力修建成功的第一座长江大桥，如今依然屹立在长江之上。

截至 2019 年 4 月，万里长江上已建和在建的过江通道（包括桥梁和隧道）约有 140 多座。

第一次电视节目播出

1958年5月1日，新华社发出电讯宣布："中华人民共和国第一座电视台——北京电视台在5月1日开始试验广播。"北京电视台（中央电视台的前身）设在北京市复兴门外护城河畔的广播大厦中，播放室是由一个大约五六十平方米的办公室改建的，房间的一角为导演间和音响控制台。就在这个简陋的地方，播出了中国第一个电视节目。这次播出从晚上7时5分开始，内容有新闻、舞蹈、纪录和科教影片等，时间为两个多小时。虽说第一次播出的时间不长，节目粗糙，但这却是中国电视事业上的重要一步，也是可喜的一步。当时电视台只设了正、副主任，参加节目组织工作的人员只有四五十人。1958年9月2日，北京电视台开始正式播出，每周播放四次（星期二、四、六、日）。1973年4月15日，北京电视台开始彩色电视试播工作。同年10月1日，彩色电视节目正式播出。

1978年5月1日，北京电视台正式改名为中央电视台；以后，又建立了中央电视台彩电中心，具有先进的设备和宽敞的演播大厅等。此后，中国的电视事业蓬勃发展起来，节目丰富多彩，新闻、教育、歌舞、影视等节目应有尽有，满足了人们不同的精神文化需求。

中国第一座电视建筑中央电视台彩电中心。主楼24层，高110米，面积8.4万平方米

20世纪六七十年代，北京电视台广播员正在向观众介绍当天的电视节目

第一位电视播音员——沈力

中央电视台的前身“北京电视台”的第一位播音员叫沈力。

在北京电视台开播一年多的时间里，只有沈力一个播音员。每天的国内国际新闻、文艺节目、专题节目间的全部串连词，都是由沈力一个人播出的。北京电视台在开播阶段，采用的是直播方式，这意味着沈力得在最短的时间内拿到播音稿、熟悉播音稿。

那时25岁的沈力已经是一个1岁孩子的母亲。没有时间照料孩子，她就把孩子往外婆家一放，自己从早忙到晚。她每天的工作是这样安排的：早晨到办公室准备当天的节目稿；下午拿到当天的新闻稿立即背稿；晚上8时至8时30分取简明新闻稿，有时只有几分钟的准备时间就要播出；夜里10时左右整个节目播完，才能下班回家。

20世纪80年代初，沈力开始主持《为您服务》。她开始试验离开讲稿播讲，把稿子要点记住后，根据自己的感觉发挥。这事在今天看来不足为奇，可是在当时事事强调谨慎、全国还没有谁知道“节目主持人”这个称谓的情况下，却也是大胆之举了。

沈力还曾主持过为老年人服务的特别节目——《夕阳红》，也很受观众欢迎。

2006年4月19日，沈力作为评委参加中央电视台综艺节目主持人全国选拔活动

第一个十年大庆

1959年10月1日，在天安门广场上隆重举行了中华人民共和国成立十周年庆典。来宾主要有社会主义国家的领导同志，60个兄弟党代表团团长和党的代表，越南和朝鲜军事代表团团长，8个亚非友好国家政府代表团团长和政府代表。天安门广场上11万群众手持花束，组成一个巨大的国徽和“1949～1959”字样。天安门城楼上悬挂着毛泽东主席像；人民英雄纪念碑前面是孙中山像，两侧是马克思、恩格斯、列宁、斯大林像。两座具有民族风格的标语塔竖立在天安门左右，塔上的标语是：“鼓足干劲，力争上游，多快好省地建设社会主义！”“中华人民共和国万岁！”“毛主席万岁！”十年大庆打出的标语现在来看真能让人感慨万千。

大典开始，奏国歌，鸣礼炮，400名少先队员向人民英雄纪念碑献花，北京市长彭真致欢迎辞。随后阅兵仪式开始。

和开国大典相比，这时的解放军军容和装备已是今非昔比。十年前，为凑齐空中受阅的飞机，连教练机、运输机都调用了；而十周年大阅兵，我们的军队已有不少拿得出手的武器装备。

游行队伍中，钢铁工人高呼着“超额完成1200万吨钢的任务”的口号，工人的游行队伍中还打出了许多图表、实物和模型，表示我国已生产出许多过去不能制造的产品，像轿车、拖拉机、飞机、轮船、精密车床、大型发电机、实验性

1959年10月1日十年大庆上，坦克和自动火炮的行列通过天安门广场接受检阅

重水反应堆、静电加速器、回旋加速器和电子计算机等。农民队伍显示出一片五业俱兴，五谷丰登的繁荣景象。体育队伍里有刷新全国体育纪录的运动健将和全国冠军。他们经过时，受到了人们的热烈欢迎。

第一个导弹卫星综合发射场
——中国酒泉卫星发射中心

1958年，中央决定建设我国第一个导弹、卫星综合试验靶场。同年2月，毛泽东、邓小平批准建设综合试验靶场。在中央军委的号令下，中国人民志愿军第19军、第20军先后从朝鲜回国，组成靶场领导机构和负责靶场建设的特种工程指挥部。各兵种精兵强将，各大院校优秀毕业生，北京、兰州建筑公司的职工共约10万人，兵分九路，浩浩荡荡开赴大西北，开始了戈壁航天城的建设。

在这“天上无飞鸟，风吹石头跑”的茫茫戈壁滩上，创业者们搭帐篷，挖地窝子，喝咸水，接雨水。到1960年，发电厂、飞机场、技术阵地和发射阵地及成片的部队营房建设起来，一条331千米的专用铁路从甘肃清水通向试验靶场。一座基本具备地地、

20世纪80年代初的酒泉卫星发射场

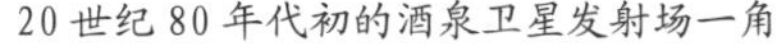
20 世纪 80 年代初的酒泉卫星发射场一角

1979 年 7 月 28 日，气象工作人员正利用激光测云仪观测气象，为导弹发射提供准确的气象参数

地空、空空导弹和飞机试验条件的现代化航天城崛起于大漠。

1960 年 11 月 5 日，聂荣臻元帅亲临发射场，主持导弹发射试验。在晚上的庆祝宴会上，聂帅激动地说：“在祖国的地平线上飞起了我国制造的第一枚导弹，这是我国军事装备史上一个重要的转折点。”

熟悉我国航天史的人都知道，中国酒泉卫星发射中心是我国的“航天母鸡”。我国现有导弹、卫星试验靶场和测控、计算中心，像西昌和太原卫星发射中心，都是从酒泉卫星发射中心分化出去后成长壮大的，酒泉卫星发射中心是名副其实的“中国航天第一城”。到 20 世纪 70 年代，已形成了北到东北靖宇，南到海南岛，西起新疆，东止沿海的庞大编制体系，囊括了我国所有的尖端武器试验和航天发射试验。

1970 年 4 月 24 日 ~ 2019 年 4 月 30 日，中国先后发射了 303 颗人造地球卫星。这些卫星分别是由酒泉卫星发射中心、太原卫星发射中心、西昌卫星发射中心、海南文昌卫星发射中心发射的。酒泉卫星发射中心还成功地发射了各种运载火箭、战略战术导弹 1000 多枚，并先后为德国、法国和瑞典等国家提供卫星搭载服务，谱写了我国航天史上的光辉业绩。“神舟”系列飞船也先后在这里腾空而起，奔向太空。

第一次举办世界乒乓球大赛
——第 26 届世界乒乓球锦标赛

1961 年 4 月 9 日，中国男子乒乓球队梁友能（指导）、王传耀、容国团、傅其芳（教练）、庄则栋、李富荣、徐寅生、姜永宁（教练）（从左至右）在捧得“斯韦思林杯”和中国乒乓球协会赠送的纪念杯后合影

1961 年 4 月，第 26 届世界乒乓球锦标赛在北京举行。这是中华人民共和国成立以来我国第一次举办世界大赛。这也是年轻的共和国向世界亮相的一个机会。

在周密细致地安排大赛组织工作的同时，国家体委加紧组织起一支朝气蓬勃的集训队，从全国各地调来大批优秀运动员，最后又从 108 名集训队员中选出 70 名优秀选手，报名参加锦标赛。贺龙元帅亲自做动员，鼓励小将们放下包袱，信心百倍地迎战世界各路名将。

自容国团夺取男单世界冠军后，中国队便成为各国主攻的目标。临近世锦赛开幕仅有几个月的时间里，传来日本运动员发明了对付中国运动员的秘密武器“弧圈球”的信息。欧洲运动员对“弧圈球”一筹莫展，屡屡败北。中国集训队针对“弧圈球”展开了一场围歼战。中国乒协专门派人去侦察，收集资料。胡炳权等几位老队员从国家荣誉出发，主动放弃参赛，学习掌握“弧圈球”技术，为主力队员做陪练。由于中国队准备充分，日本队的“弧圈球”

在比赛中几乎没起什么作用，而中国队的近台快攻却发挥了威力，最终战胜了日本队，夺得男子团体冠军。接着，中国队又囊括了男子单打前三名，勇夺女子单打冠军。从此，中国乒乓球走在了世界乒坛的前列。

那时候，乒乓热席卷中国大地。几乎每个中小学生的书包里都有一个球拍，抢占水泥球台成了孩子们课下最快乐的事。中国成为世界上打乒乓球人数最多的国家。

第一个女子乒乓球世界冠军——邱钟惠

1961年4月，邱钟惠在北京举行的第26届世界乒乓球锦标赛女子单打决赛中战胜匈牙利选手高基安，成为中国第一个女子乒乓球世界冠军

中华人民共和国成立前，北京连一个体育馆都没有，中国乒乓球运动非常落后。1952年，中华人民共和国举办第一次全国乒乓球锦标赛，赛场只能安排在北京大学、清华大学里，参观比赛的只有两校师生。翌年，我国乒乓球队首次参加世界乒乓球锦标赛，男队列第一级第十名，女队列第二级第三名。9年后，中国队跃为世界强队，获男子团体和男、女单打三项冠军。邱钟惠成为我国第一个女子乒乓球单打世界冠军，也是中国第一个女子世界冠军。

邱钟惠，云南省昆明人。从1955年起多次获得全国女子乒乓球单打冠军。她的直拍快攻打法，发球变化多，推挡凶狠，拉球稳健有力。1961年在北京举行的第26届世界乒乓球锦标赛女子单打决赛是在匈牙利名将高基安与邱钟惠之间进行。比赛扣人心弦，此时，邱钟惠已到了无我的境界，沉着冷静，毫不手软，抓住战机，出其不意，攻其弱点，终于赢得了最后的胜利，第一次捧回了“吉·盖斯特杯”。

当邱钟惠夺得世乒赛女子单打冠军的消息传出后，举国上下无不为之欢欣鼓舞。

邱钟惠从1963年起任国家女队教练。1973~1996年，在中国国家体育科学研究所从事乒乓球运动研究，其间担任副研究员及科研所副所长，同时任中国乒乓球协会副主席。

自邱钟惠后，我国女子乒乓球运动员始终雄霸乒坛，夺得各届世乒赛和国际大赛女子项目的大部分金牌。从20世纪60年代的邱钟惠、林慧卿、郑敏之，70年代的葛新爱、齐宝香，80年代的焦志敏、曹燕华，90年代的邓亚萍、乔红，到21世纪的王楠、张怡宁、丁宁、刘诗雯等，统领世界乒坛，为祖国赢得了荣誉。

第一台万吨水压机开工

万吨水压机是制造大型锻件的设备，世界第一台万吨级自由锻造水压机是1893年制成的。但由于制造工艺复杂，当时世界上只有二十几台。

生产12000吨水压机的任务由上海江南造船厂承担，沈鸿任总设计师。万吨水压机有13个特大部件：6个工作缸、3根横梁和4根立柱。当时我国的设备还比较落后，是用土办法一点一点、一口一口啃下这些大部件的。“蚂蚁啃骨头”的加工方法由此闻名。

1962年6月，万吨水压机在上海正式投产

1961年底，万吨水压机的40000多个零部件加工完毕，陆续运到安装现场。上海江南造船厂和上海重型机器厂的工人和技术人员组织了安装突击队，经过两个多月的奋战，一个钢铁巨人矗立在上海重型机器厂的厂房里。

1962年6月22日，上海重型机器厂举行“12000吨水压机开工典礼”。全国各地的参观者亲眼看到这钢铁巨人的威力。大吊车抓住烧得通红的大钢锭送入了万吨水压机，操纵台上红红绿绿的指示灯不断闪动，压力4000吨，8000吨，12000吨，钢锭如面团儿一样任由水压机揉捏。

截至2012年，中国已经拥有自主设计制造的万吨水压机20余台。设计制造单位有中国第一重型机器厂、中国第二重型机器厂、上海重型机器厂等。万吨水压机是国之重器，在社会主义建设中发挥了巨大作用。

15000 吨重型自由锻造水压机试车成功

21 世纪初，随着我国国民经济的发展，电力、冶金、石化、船舶等行业对大型铸锻件的需求剧增。为此，中国第一重型机械集团公司领导班子审时度势，于 2002 年决定自主设计制造一台 15000 吨水压机，并得到了党中央、国务院的高度重视和全力支持。经过 4 年的艰苦攻关，拥有完全自主知识产权的世界最大、加工能力最强、技术水平最先进的 15000 吨水压机终于在 2006 年 12 月 30 日一次热负荷试车成功。

15000 吨级重型自由锻造水压机被业内人士形象地称为“巨无霸”，是锻造大型、超大型锻件产品的全能设备。15000 吨水压机成功试车和投产，是我国继万吨水压机之后又一重大装备成果，为生产大型锻件提供了重要的硬件条件，极大提升了电力、冶金、石化、船舶等行业设备制造水平，对加快振兴重大装备制造业具有重大意义。

15000 吨水压机投产后，成功地完成了多件 281 吨、320 吨和 360 吨钢锭的锻造，完成了多件百万千瓦超超临界低压转子、12% Cr 高中压转子的锻造任务，锻造了世界首支直径 5.75 米的百万千瓦核电蒸发器锥形筒体、水室封头、上封头、管板、压力容器整体顶盖、接管段等超大型锻件。其中，为韩国斗山重工生产的世界首件第三代核电蒸发器锥形筒体一次锻造成功。

2006 年 12 月 30 日，15000 吨重型自由锻造水压机试车现场

第一支援外医疗队

在阿尔及利亚赛义达省工作的中国医疗队，经常深入农村、牧区为广大农牧民开展健康服务

1962年7月，北部非洲的阿尔及利亚人民经过长期的浴血斗争，摆脱了外国殖民主义者长达130多年的统治，赢得了民族解放和民族独立战争的胜利。新生的阿尔及利亚政府面对满目疮痍，急需医治战争创伤，发展民族经济，填补西方医生撤走后留下的医疗空白，解救疾病缠身、求医无门、苦苦挣扎在死亡线上的平民百姓。当年年底，阿尔及利亚政府通过国际红十字会向全世界发出了紧急呼吁。

1963年初，刚刚从三年自然灾害阴影下走出来的中国政府，为了表达中国人民对阿尔及利亚人民的友好情意，第一个响应阿尔及利亚政府的邀请，于3月派出卫生考察团并迅速组织以湖北省为主，北京、上海、天津、江苏、辽宁、吉林、湖南等地的24名医疗专家组成的第一支中国援外医疗队。其中，第一批13人于接到命令的第三天，即1963年4月6日乘火车由北京出发，经过十几天的奔波到达阿尔及利亚，抵达阿尔及利亚西部城市——“撒哈拉之门”赛义达，落脚在撒哈拉大沙漠的边缘，开始了艰难的起步和艰苦的创业，也从此开始了中国医疗界履行国际人道主义义务的伟大历史使命，掀开了中国同第三世界国家以医疗队为主要形式的卫生合作和援助的诗篇。

这是中华人民共和国外交史上第一次单独以医疗队形式援外的行动，也是中国向世界40多个国家和地区派遣大批援外医疗队的序曲。

最初中阿双方的协议时间为半年，半

中国医疗队医生细心地给赛义达省的儿童检查身体

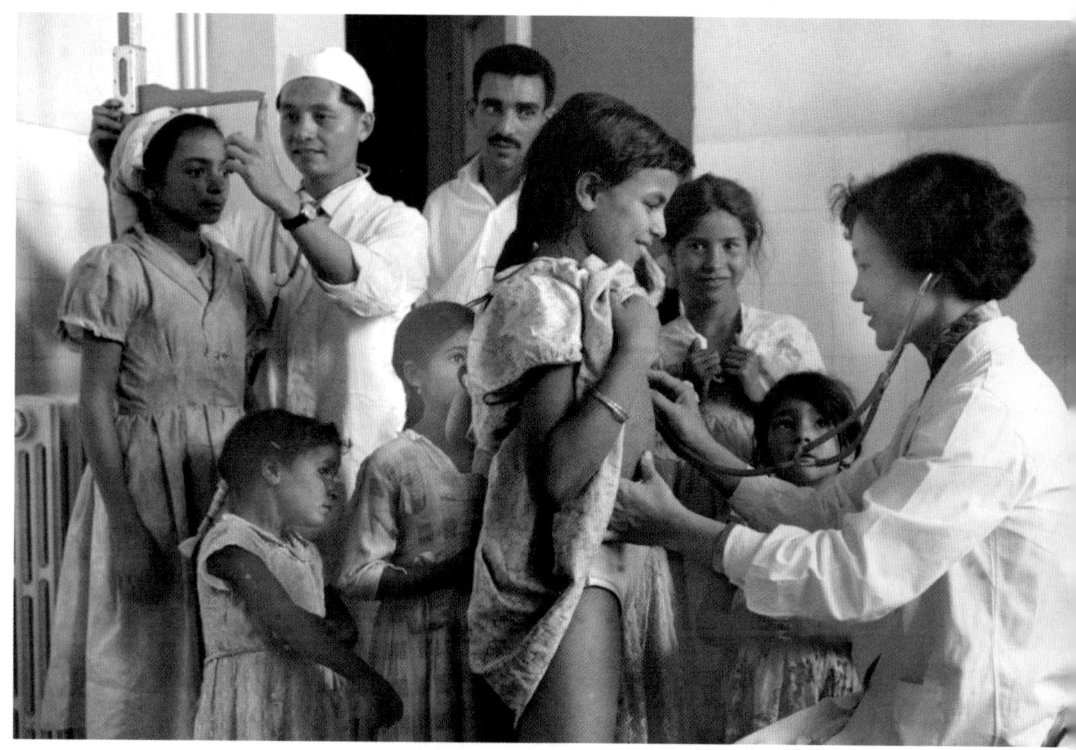

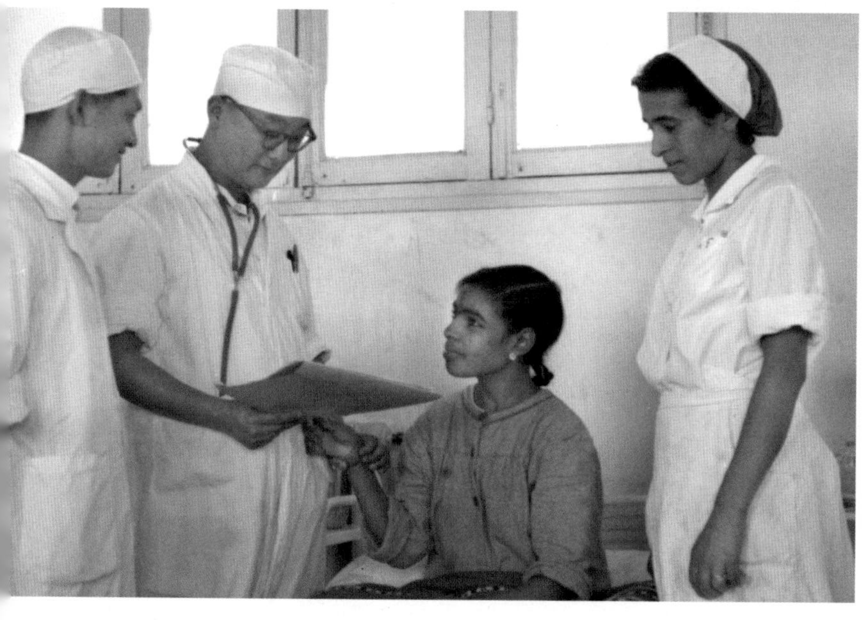

在阿尔及利亚赛义达省医院工作的中国医疗队肺科医生正在病房为病人诊断

年到期后，阿方要求延长半年，之后又要求延长一年。一年后，中国医疗队仍没有走成。医疗队经过三次挽留三次延期，驻阿的时间超过两年。

在这两年半的时间里，医疗队共收治住院病人2.7万余人次，门诊病人37万余人次，进行手术3000多例，安全接生1000多个婴儿，没有发生过一次医疗事故。几十年来，援外医疗队一批接一批地奔赴亚非拉国家，他们挥洒着辛勤的汗水，于驻在国播撒着友谊的种子。

1963

在开罗阿比丁宫为周恩来总理访问阿联举行盛大招待会。前左起：萨布里主席、阿密尔副总统、周恩来总理、纳赛尔总统、陈毅副总理、巴格达迪副总统

周恩来总理第一次亚非大出访

20世纪50年代中期到60年代末，随着中国与亚非国家关系的不断发展，领导人的互访也越来越频繁。其中以中国总理周恩来在1963年底至1964年初对亚非13国的成功出访最为著名。

1963年12月19日，周恩来总理亲切关怀阿联运动员

1963年12月13日至1964年2月5日，周恩来总理和陈毅副总理先后出访阿拉伯联合共和国（简称“阿联”）、阿尔及利亚、摩洛哥、突尼斯、加纳、马里、几内亚、苏丹、埃塞俄比亚和索马里10个非洲国家，随后又访问了缅甸和巴基斯坦，并同宋庆龄副主席一

道访问了锡兰（今斯里兰卡）。周恩来总理亚非 13 国之行，是中国同亚非国家关系发展的一个重要里程碑。

访问过程中，周恩来总理展示出其独具特色的外交风度：不卑不亢，在重大问题上立场坚定、态度鲜明。他尤其注意尊重亚非中、小国家的意愿，强调国家不分大小，一律平等，应向亚非国家学习一切有益的东西。对于当地国家的一些客观存在的困难，他设身处地替人着想，体谅朋友的困难。周恩来总理独具魅力的外交风格，大大促进了中国与亚非国家友好关系的建立和发展。

1963 年 12 月 17 日，阿联苏伊士运河管理局的员工们悬挂着用中文和阿拉伯文写的横幅标语“运河管理局欢迎周恩来先生的来临”，迎接中国客人

1964

1964年10月2日，大型音乐舞蹈史诗《东方红》在人民大会堂首演

第一部大型音乐舞蹈史诗——《东方红》

1964年，为庆祝国庆15周年，在中央有关领导的支持下，由北京、上海的地方和部队系统70多个文艺单位的音乐舞蹈工作者和北京各业余合唱团成员共3500人，集体创作编演了规模空前庞大的音乐舞蹈史诗《东方红》。

10月2日，《东方红》在人民大会堂举行首演，党和国家领导人观看了演出，并走上舞台，祝贺演出成功。《东方红》是一部以歌唱、舞蹈和戏剧相结合的综合性艺术形式，全面反映中国近百年民主革命斗争历史的、气势恢宏的大型音乐歌舞。《东方红》的演出，开创了中国舞台艺术一种大型歌舞表演的新形式。

《东方红》由序曲《葵花向太阳》以及《东方的曙光》《星火燎原》《万水千山》《抗日烽火》《埋葬蒋家王朝》《祖国人民站起来》《祖国在前进》《世界在前进》构成。为了再现历史的真实性，在这部大型歌舞音乐中引用了许多历史上曾

有过广泛影响的革命历史歌曲。作曲家们对这些深得人民喜爱的民歌和革命歌曲进行艺术加工，配上极具造型特点的大型歌舞场面，再加上著名歌唱家和舞蹈演员的精湛表演，整个演出气氛感人。

1965 年，《东方红》被摄制成彩色宽银幕舞台艺术片。当时，几乎所有的中国人都会哼上一首《东方红》中的歌曲，大街小巷时常传出人们熟悉的歌声。

自《东方红》之后，艺术家们又创作了《椰林怒火》《刚果河在怒吼》《风雷颂》《翻身农奴向太阳》等大型歌舞节目。1984 年，为庆祝国庆 35 周年，有关部门又组织了来自各个系统的 1000 多名音乐舞蹈工作者，集体编演了另一部大型歌舞《中国革命之歌》。

《东方红》第三场以红军长征为主题的《万水千山》剧照

第一颗原子弹爆炸成功

1964 年 10 月 16 日 15 时，中国在西部地区爆炸了一颗原子弹，成功地进行了第一次核试验。这是中国人民在加强国防力量，反对美帝国主义核讹诈和核威胁政策的斗争中取得的重大成就。

1955 年初，中国开始创建核工业。当时，毛主席说，我们“不但要有更多的飞机和大炮，而且还要有原子弹。在今天的世界上，我们要不受人家欺负，就不能没有这个东西”。这次核试验的成功，是中国国防建设和科学技术方面取得的一项重大成就，它标志着中国国防现代化建设进入了一个新的阶段。

1967 年 6 月 17 日，中国在西部地区又成功地爆炸了第一颗氢弹。1969 年 9 月 23 日，中国首次成功地进行了地下核试验。这两次试验是中国继第一颗原子弹爆炸成功后，在核武器发展方面的一次飞跃，标志着中国核武器的发展又进入了一个更高的阶段。

中国一贯主张全面彻底销毁核武器，但坚决反对假和平之名，行核垄断之实的阴谋。中国政府在成功地爆炸了第一颗原子弹的当天直到现在都郑重声明：中国进行核试验，发展核武器，完全是为了防御，中国在任何时候，任何情况下都不会首先使用核武器。1996 年 9 月联合国大会通过了《全面禁止核试验条约》，中国政府已在条约上签字。

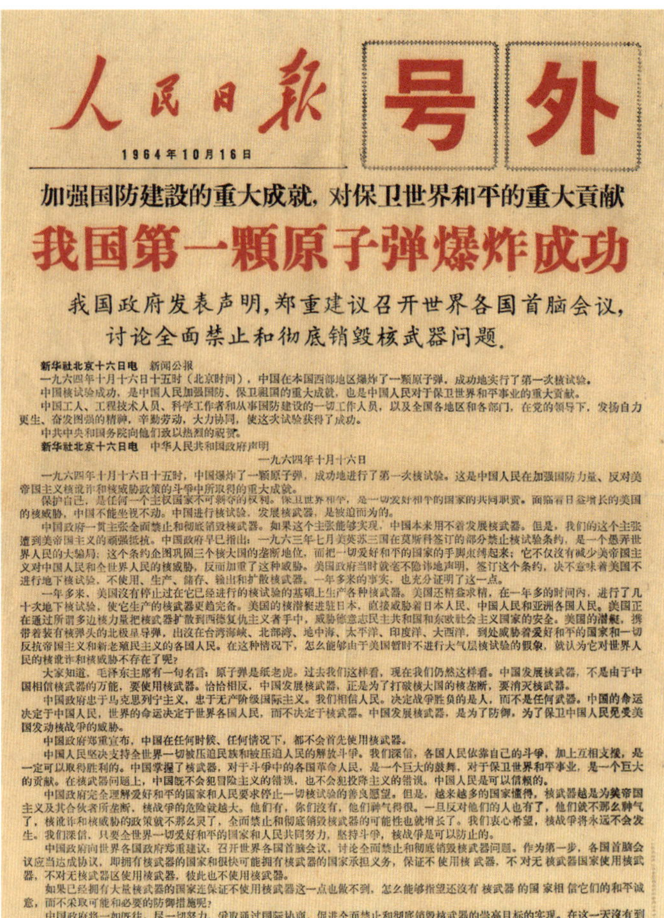

人民日报　号外

1964年10月16日

加强国防建設的重大成就，对保卫世界和平的重大貢献

我国第一颗原子弹爆炸成功

我国政府发表声明，郑重建议召开世界各国首脑会议，讨论全面禁止和彻底销毁核武器问题

新华社北京十六日电　新闻公报

一九六四年十月十六日十五时（北京时间），中国在本国西部地区爆炸了一颗原子弹，成功地实行了第一次核试验。

中国核试验成功，是中国人民加强国防、保卫祖国的重大成就，也是中国人民对于保卫世界和平事业的重大贡献。

中国工人、工程技术人员、科学工作者和从事国防建设的一切工作人员，以及全国各地区和各部门，在党的领导下，发扬自力更生、奋发图强的精神，辛勤劳动，大力协同，使这次试验获得了成功。

中共中央和国务院向他们致以热烈的祝贺。

新华社北京十六日电　中华人民共和国政府声明

一九六四年十月十六日

一九六四年十月十六日十五时，中国爆炸了一颗原子弹，成功地进行了第一次核试验。这是中国人民在加强国防力量、反对美帝国主义核讹诈和核威胁政策的斗争中所取得的重大成就。

保护自己，是任何一个主权国家不可剥夺的权利。保卫世界和平，是一切爱好和平的国家的共同职责。面临着日益增长的美国的核威胁，中国不能坐视不动。中国进行核试验，发展核武器，是被迫而为的。

中国政府一贯主张全面禁止和彻底销毁核武器。如果这个主张能够实现，中国本来用不着发展核武器。但是，我们的这个主张遭到美帝国主义的顽强抵抗。中国政府早已指出：一九六三年七月美英苏三国在莫斯科签订的部分禁止核试验条约，是一个愚弄世界人民的大骗局；这个条约企图巩固三个核大国的垄断地位，而把一切爱好和平的国家的手脚束缚起来；它不仅沒有减少美帝国主义对中国人民和全世界人民的核威胁，反而加重了这种威胁。美国政府当时就毫不隐讳地声明，签订这个条约，决不意味着美国不进行地下核试验，不使用、生产、储存、输出和扩散核武器。一年多来的事实，也充分证明了这一点。

一年多来，美国沒有停止过在它已经进行的核试验的基础上生产各种核武器。美国还精益求精，在一年多的时间内，进行了几十次地下核试验，使它生产的核武器更趋完备。美国的核潜艇进驻日本，直接威胁着日本人民、中国人民和亚洲各国人民。美国正在通过所谓多边核力量把核武器扩散到西德复仇主义者手中，威胁德意志民主共和国和东欧社会主义国家的安全。美国的潜艇，携带着装有核弹头的北极星导弹，出沒在台湾海峡、北部湾、地中海、太平洋、印度洋、大西洋，到处威胁着爱好和平的国家和一切反抗帝国主义和新老殖民主义的各国人民。在这种情况下，怎么能够由于美国暂时不进行大气层核试验的假象，就认为它对世界人民的核讹诈和核威胁不存在了呢？

大家知道，毛泽东主席有一句名言：原子弹是纸老虎。过去我们这样看，现在我们仍然这样看。中国发展核武器，不是由于中国相信核武器的万能，要使用核武器。恰恰相反，中国发展核武器，正是为了打破核大国的核垄断，要消灭核武器。

中国政府忠于马克思列宁主义，忠于无产阶级国际主义。我们相信人民。决定战争胜负的是人，而不是任何武器。中国的命运决定于中国人民，世界的命运决定于世界各国人民，而不决定于核武器。中国发展核武器，是为了防御，为了保卫中国人民免受美国发动核战争的威胁。

中国政府郑重宣布，中国在任何时候、任何情况下，都不会首先使用核武器。

中国人民坚决支持全世界一切被压迫民族和被压迫人民的解放斗争。我们深信，各国人民依靠自己的斗争，加上互相支援，是一定可以取得胜利的。中国掌握了核武器，对于斗争中的各国革命人民，是一个巨大的鼓舞，对于保卫世界和平事业，是一个巨大的贡献。在核武器问题上，中国既不会犯冒险主义的错误，也不会犯投降主义的错误。中国人民是可以信赖的。

中国政府完全理解爱好和平的国家和人民要求停止一切核试验的善良愿望。但是，越来越多的国家懂得，核武器越是为美帝国主义及其合伙者所垄断，核战争的危险就越大。他们有，你们沒有，他们神气得很。一旦反对他们的人也有了，他们就不那么神气了，核讹诈和核威胁的政策就不那么灵了，全面禁止和彻底销毁核武器的可能性也就增长了。我们衷心希望，核战争将永远不会发生。我们深信，只要全世界一切爱好和平的国家和人民共同努力，坚持斗争，核战争是可以防止的。

中国政府向世界各国政府郑重建议：召开世界各国首脑会议，讨论全面禁止和彻底销毁核武器问题。作为第一步，各国首脑会议应当达成协议，即拥有核武器的国家和很快可能拥有核武器的国家承担义务，保证不使用核武器，不对无核武器国家使用核武器，不对无核武器区使用核武器，彼此也不使用核武器。

如果已经拥有大量核武器的国家连保证不使用核武器这一点也做不到，怎么能够指望还沒有核武器的国家相信它们的和平诚意，而不采取可能和必要的防御措施呢？

中国政府将一如既往，尽一切努力，争取通过国际协商，促进全面禁止和彻底销毁核武器的崇高目标的实现。在这一天沒有到来之前，中国政府和中国人民将坚定不移地走自己的路，加强国防，保卫祖国，保卫世界和平。

我们深信，核武器是人制造的，人一定能消灭核武器。

1964 年 10 月 16 日《人民日报》号外

1964 年 10 月 16 日，中国第一颗原子弹在新疆罗布泊爆炸成功

1965

第一次人工合成结晶牛胰岛素

人和动物胰脏内有一种岛形细胞分泌出的激素叫胰岛素，具有降低血糖和调节体内糖类代谢功能。胰岛素是蛋白质的一种，蛋白质是生物体内不可缺少的物质，生命活动主要通过蛋白质来体现。1965 年 9 月 17 日，中国在世界上首次用人工方法合成了结晶牛胰岛素。

科研人员将人工合成物注入小白鼠体内，测验它的生物活力

人工合成胰岛素，首先要把氨基酸按照一定的顺序连结起来，组成 A 链、B 链，然后再把 A、B 两条链连在一起。这是一项复杂而艰巨的工作。

1958 年 12 月，中国科学院上海分院组成一支强有力的科研队伍，联合攻关。中科院上海有机化学研究所和北京大学化学系负责合成 A 链，中科院生物化学研究所负责合成 B 链。经历 600 多次失败、经过近 200 步合成，世界上首批用人工方法合成的牛胰岛素晶体，在共和国生物化学家手中诞生了。国家科委先后两次组织著名科学家进行科学鉴定，证明人工合成牛胰岛素具有与天然牛胰岛素相同的生物活力和结晶形状。

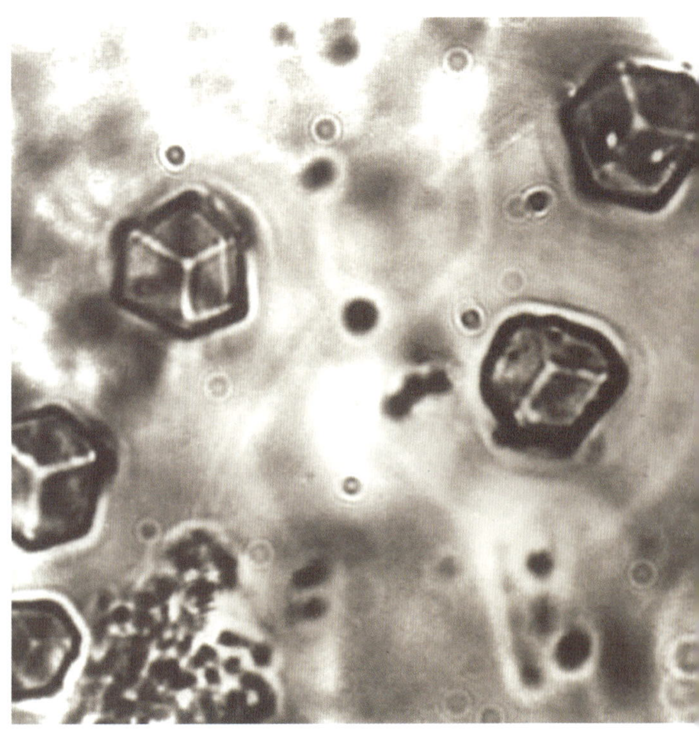

高倍显微镜下的人工合成蛋白质——牛胰岛素结晶

人工牛胰岛素的合成，标志着人类在认识生命、探索生命奥秘的征途中迈出了关键性的一步，其意义与影响是巨大的。

第一次人工合成酵母丙氨酸转移核糖核酸

1981年11月20日，中国生物化学家继人工合成牛胰岛素后，又用人工方法成功地合成了具有与天然分子相同化学结构和完整生命活力的酵母丙氨酸转移核糖核酸。

核糖核酸是生物体内最重要的物质基础之一，生物的遗传特征主要通过核酸表达决定。由于核酸拥有巨大的“核心机密”——生物遗传基因，因此几十年来国际科学家都非常重视对核糖核酸的研究，投入了大量的人力物力，并已取得不同程度的进展。早在1965年，美国化学家霍莱第一个查清了酵母丙氨酸转移核糖核酸的结构。在这场竞赛中，中国队是后来者。

1968年初，经国家科委及中国科学院批准，这场看不见炮火硝烟的战斗打响了，工作比人工合成牛胰岛素更为艰难，经过千百次的探寻和摸索，历时13载。

1981年11月18日，一场总装合成的战斗在上海生物化学研究所紧张地进行着。11月20日完成了最后的合成，以后又经过5次重复合成试验都取得成功，证明这一结果是经得起考验的。后来居上的中国队在探索生命奥秘的征途中，又迈出了重要的一步。这是北京、上海6个研究所、大学、工厂的科学研究工作者共同奋斗13年的成果。

人工合成核酸的开展，带动了中国核酸化学、核酸类试剂和核酸工具酶的试制和生产，促进了核酸类抗肿瘤、抗病毒等药物的生产和应用，培养了一支骨干研究队伍。

1981年11月20日，中国科学工作者完成了人工合成酵母丙氨酸转移核糖核酸

1966

1984年10月1日，战略导弹方阵通过天安门广场

第一支战略导弹部队——第二炮兵部队

大国长剑，威震苍穹——这是中国人民解放军火箭军的豪言壮语。中国人民解放军火箭军的前身是“第二炮兵”。

第二炮兵，是随着中国研制核弹和导弹事业的发展而诞生的。1966年6月6日，中共中央、中央军委做出决定：以原中国人民公安部队领导机构为基础，与军委炮兵领导机构中管理战略导弹部队的机构合并，组建地地战略导弹部队领导机构。

战略导弹部队领导机构很快就要挂牌办公，然而这个新兵种的名称还没有最后确定。叫什么名称呢？中央军委和总参谋部的意见是，为了与美国的战略空军和苏联的战略火箭军齐名，为了与人民解放军海军、空军形成系列，建议叫中国战略火箭军。周恩来总理审阅中央军委和总参谋部的报告后，取名为“第二炮兵”。

1966年7月1日，由周恩来命名的中国第一支战略导弹部队——第二炮兵领导机构在北京正式成立。从此，人民解放军的战斗序列里，又增添了一个实施战略核反击的新兵种。第二炮兵是一支神秘的

部队，从其诞生的那一天起，便一直藏匿于深山丛林之中，一直到1984年的国庆35周年大阅兵时才有机会一展雄风。

“军中喜长缨，雕弓射天狼。”40多年来，第二炮兵已经成为贯彻中央军委积极防御战略方针的主要核威慑和核反击力量。

2015年12月31日，中国人民解放军陆军领导机构、中国人民解放军火箭军、中国人民解放军战略支援部队成立大会在北京八一大楼隆重举行。中央军委将第二炮兵正式命名为中国人民解放军火箭军，并授予军旗，第二炮兵也由原来的战略性独立兵种，上升为独立军种。

中国人民解放军火箭军是中国战略威慑的核心力量，是中国大国地位的战略支撑，是维护国家安全的重要基石。火箭军全体官兵要把握火箭军的职能定位和使命任务，按照核常兼备、全域慑战的战略要求，增强可信可靠的核威慑和核反击能力，加强中远程精确打击力量建设，增强战略制衡能力，努力建设一支强大的现代化火箭军。

2017年12月27日，中国人民解放军火箭军在戈壁训练场组织实战化训练，进行实弹发射

第一枚导弹核武器发射试验成功

1966 年 10 月 27 日，中国首次发射导弹核武器试验成功，图为导弹核武器试验爆炸形成的蘑菇云

1966 年 10 月 27 日，中国第一枚导弹核武器发射试验在西北综合导弹试验基地进行。北京时间 9 时，随着指挥员一声“发射”口令，顷刻间核导弹腾空而起，按预定程序准确飞向靶区。9 时 9 分 14 秒，核弹头在靶心上空距地面 569 米的高度爆炸。试验取得圆满成功。

10 月 27 日的这一声巨响，表明中国有了可用于实战的准中程导弹核武器，也取得了核弹头研制定型的完整经验，对加快战略导弹核武器的研制速度、增强国防实力具有十分重要的作用。

1980 年 5 月 18 日，中国又成功发射了洲际弹道导弹；1982 年 10 月，成

功地发射了潜地导弹。截至21世纪初，中国已经研制并装备了不同类型的中远程、洲际战略弹道导弹及各种型号的战术导弹。

1966年10月27日，中国首次发射导弹核武器试验获得成功。图为北京青年在阅读《人民日报》号外

第一枚导弹试射成功

进入20世纪，西方大国先后成功发射了火箭和导弹。是否拥有先进的战略武器，已成为衡量一个国家是否拥有国际事务发言权、是否具有强大综合国力的一项重要指标。

中华人民共和国成立后，饱受帝国主义列强凌辱之苦的中国人民不甘落后，也不愿再受别国欺负，决心发展自己的火箭和导弹技术。1958年，西北综合导弹试验基地开始组建。1960年3月，为了检验各种工程技术设施和试验设备，考核试验部队，摸索发射试验经验，做好仿制地地导弹试验的准备工作，中央军委批准进行苏制P–2型近程地地导弹的发射试验。正当试验准备按计划进行的时候，试射工作受到苏联方面的百般阻挠和干扰。中央军委断然作出决定，依靠自己的力量，独立完成导弹发射试验。1960年9月10日7时42分，在苏联专家撤退后的第17天，中国使用国产推进剂，由自己的技术人员独立操作，成功地进行了苏制P–2型弹道式地地导弹发射试验。第一枚导弹试射成功，是中国导弹发射试验史上的里程碑，从此揭开了中国导弹和卫星发射试验的序幕。

第一颗氢弹爆炸成功

1965年1月23日，毛泽东在听取国家计划委员会的汇报时指出："管他什么国、管他什么弹，原子弹、氢弹，都要超过。"

氢弹，又称聚变弹或热核弹。氢弹的杀伤破坏因素与原子弹相同，但其威力却大得多，原子弹的威力通常为几百到几万吨梯恩梯当量，氢弹的威力则可大至几千万吨梯恩梯当量。

一颗5000万吨的氢弹，相当于250至500颗第二次世界大战结束时期的原子弹，杀伤力可能会把某一个岛国完全摧毁。

一切都要只争朝夕。中国第一颗原子弹爆炸的时候，中国科学家们也已经在紧锣密鼓地研制第一颗氢弹。

但氢弹的研制，无论在理论上还是制造技术上都比原子弹更为复杂。跟原子弹相比，氢弹绝不仅仅是量上的突破，而是质的变化，是原理的突破。

1966年12月28日中国成功地进行了氢弹原理试验。

1967年6月17日由飞机空投的300万吨级氢弹试验获得圆满成功。这次试验以轰-6甲型轰炸机为运载工具，空投带降落伞的航弹，预定在距地面3000米的上空爆炸。按照理论设计，氢弹的爆炸威力在150万吨到300万吨梯恩梯当量之间。

6月17日上午8时20分，地平线上出现了两颗火红的太阳，一颗在上，一颗在下，上面那颗强烈的光芒，使另一颗黯然失色。中国第一颗氢弹爆炸成功！

这个大火球跃入了站在很远很远的维吾尔族百姓的眼帘。

一个维吾尔族老汉说："不得了了！新疆出了两个太阳！"

由于爆炸震波受到了气层的反射，折回地面，形成冲击波远区聚焦。在距爆点400多千米处都能听到连续不断的爆炸声，在爆点以西250千米处还能看到闪光火球和清晰壮观的蘑菇云，爆点以外420千米处也看到了火球，门窗受到震动。

有意思的是，投弹时，负责投弹的第一领航员孙福长回忆：实在太紧张了！我一直默默背诵毛主席语录，结果忘了按下自动投掷器。

据当时在场者回忆，爆点中心地面变成了一片虚土，足有半米厚；强烈的光辐射，将距爆心投影点400米处的钢板铸件烧化，水泥构件的表面被烙；离爆心700米处的坦克就像图钉陷在地上，表层都融化了，车内动物全部炭化；冲击波把距爆心投影点近3千米、重54吨的火车吹出18米远；近4千米处的半地下仓库被揭去半截；放置在8千米以内的狗、10千米以内的兔子，当场死亡一半；14千米处的砖房被吹散。

从爆炸第一颗原子弹到爆炸第一颗氢弹，中国只用了2年零2个月的时间，其速度是世界上最快的。美国从爆炸第一

1967 年 6 月 17 日，中国第一颗氢弹在西北地区上空爆炸成功

颗原子弹到爆炸第一颗氢弹用了 7 年零 3 个月，英国用了 4 年零 7 个月，苏联用了 6 年零 3 个月，法国用了 8 年零 6 个月。

曾有法国专家问钱三强："中国为什么能在这么短的时间里进行氢弹爆炸试验？"钱三强的回答是："材料准备得早，理论准备得早。"

当时参与氢弹试验制造的科学家有邓稼先、于敏、王淦昌、郭永怀、彭桓武、朱光亚、陈能宽等。其中担负主要工作的是中国核物理学家、核武器科学和技术专家于敏。

于敏曾获 1982 年中国自然科学一等奖，1985 年、1987 年和 1989 年三次获国家科学技术进步奖特等奖，1986 年获得中国劳动模范称号，1999 年获"两弹一星"功勋奖章。1996 年，中国工程物理研究院设立"于敏数理科学奖"。

于敏在原子核结构及其反应方面，尤其是对原子核相干结构、原子核平均场的独立粒子运动有深入研究。他及其合作者曾提出相干结构的核模型，位居国际先列。

在研究氢弹的时候，于敏一下子提出了 5 种构型，并从中找到了最合理、威力最大的一种，后来被称为"于敏构型"。这使得中国研发的氢弹结构非常合理，可以足够的小型化，爆炸威力还非常巨大。

中国第一次爆炸的氢弹重量只有不到 1 吨，当量 300 万吨。在这点上，"于敏构型"完全超越了他国。

第一个宇宙空间技术研究单位
——中国空间技术研究院成立

中国航天事业的领跑人——钱学森，1956年摄

近年来，中国的“北斗”卫星、宇宙飞船、宇宙空间站、月球探测器等接二连三地发射成功。

这些成功都和一个名字有关。这个名字就是“中国空间技术研究院”。

1967年初，聂荣臻副总理向中共中央呈送报告，提出了组建空间技术研究院的建议，并于8月成立了空间技术研究院筹备处。1967年11月，国防科委批准了钱学森、常勇领导下的空间技术研究院筹备处提出的研究院编制方案，确定了研究院的任务以及各组成单位的方向、任务、分工等。

1968年2月20日，中国空间技术研究院正式成立，首任院长是著名科学家钱学森。

中国空间技术研究院现隶属于中国航天科技集团有限公司，主要从事空间技术开发、航天器研制、空间领域对外技术交流与合作、航天技术应用等业务。自1970年4月24日成功发射我国第一颗人造地球卫星以来，截至2019年5

月初，研究院先后负责研制和发射了269颗航天器，有百余颗航天器在轨运行；已经形成了载人航天、月球与深空探测、北斗卫星导航系统、对地观测、通信广播、空间科学与技术试验六大系列航天器，实现了大、中、小、微型航天器的系列化、平台化发展；铸就了“东方红”1号卫星、“神舟”5号载人飞船、“嫦娥”1号卫星中国航天发展的三大里程碑，取得了举世瞩目的成就。

研究院先后与苏联（俄罗斯）、法国、巴西、美国等100多个国家和地区的宇航公司及空间研究机构建立了广泛的联系与合作。2004年实现了首颗商业卫星出口合同签署，截至2017年底，已向国际用户交付了9颗商业卫星，出口产品覆盖了通信卫星、遥感卫星、卫星应用、航天器研制基础设施、宇航单机部组件和宇航元器件等。

1999年10月14日，在太原卫星发射中心，“资源一号”卫星成功发射升空。“资源一号”卫星由中国空间技术研究院和巴西国家空间研究院联合研制，是中国第一颗和国外联合研制的卫星

经过50余年的发展，中国空间技术研究院已成为中国主要的空间技术及其产品研制基地，是中国空间事业最具实力的骨干力量，为国民经济建设、国防现代化和人民生活水平的提高做出了重要贡献。

1969

一次核爆炸试验后，林俊德（左一）和参试人员从试验场区完成取样任务后合影留念

第一次进行地下核试验成功

新疆巴音郭楞蒙古自治州境内，有一处军事基地。这个基地有一个美丽的名字——马兰基地。因为这个基地建设之初，那里遍布着马兰。马兰基地是中国20世纪60年代核试验基地，中国第一次核试验也是在马兰基地附近试验成功的。

1969年9月23日零时15分，一阵惊天动地巨响后，地爆释放出的巨大能量，使试验区山体猛烈地摇晃起来——共和国第一次地下核试验成功！

当时，整个大山都在崩塌中，大面积的山石被强大的爆炸力震落，这就是核武器的威力。

曾经主持国防科技、装备和国防工业的张爱萍将军这样写道："红日升，南山狮吼虎熊惊，虎熊惊，地震山崩，欢声雷鸣。"这就是对中国地下核试验的绝佳写照。

最初的核试验是在地面上进行的。地面核试验带来的最大问题是严重的核污染。核武器爆炸过后，人迹罕至，寸草不生。核爆炸的后患无穷，贻害百年。放射性沾染物会污染大气，会污染地面，会污染水源，会污染环境……

20世纪60年代初期，人类认识到了这个问题的严重性。

1963年8月8日，为了避免污染大气环境，苏联、美国、英国三国签署了《禁止在大气层、外层空间和水下进行核武器试验的条约》，10月10日生效。对此，中国政府于8月31日发表了《中国政府主张全面、彻底、干净、坚决地禁止和销毁核武器，倡议召开世界各国政府首脑会议的声明》。至1989年，共有129个国家参加该条约。

我国爆炸力学的奠基人和开拓者之一——郑哲敏院士，独立地与国际上同时提出了新的力学模型——流体弹塑性模型，为我国首次地下核爆当量预报做出了贡献（2014年5月21日拍摄）

20世纪60年代中期，中国启动了第一次地下核试验的筹备工作。地下核试验场地的选定、实验室模拟、爆炸效应研究等课题相继展开。

几载寒暑，几度春秋。从工作筹备到技术论证和工程施工，参加地下核试验的全体指战员不断攻克一个个技术难关。历时近5年的前期准备，建立起地下核试验综合测试和全面指挥保障系统，完成了中国地下核试验的准备工作。

国庆20周年前，决定实施第一次平洞地下核试验。这次试验在山体中开掘出一条特殊设计的地下长坑道，在坑道内放置核装置和各种探测器，按照特殊的方案回填堵塞之后，实施地下核爆炸效应综合试验。

1976年、1978年、1984年等年份，中国都先后进行过地下核试验。

1996年7月29日，中国又成功地进行了一次地下核试验。当晚，中国政府就发表声明：从1996年7月30日起，中国暂停核试验。

从1964年10月16日第一颗原子弹爆炸，到1996年7月29日最后一次地下核试验，32年间，中国一共实施了45次核爆炸试验，远远少于美国的1054次，苏联（俄罗斯）的715次和法国的210次。

1969

北京地下铁道第一期工程古城车辆段

第一条地下铁道——北京地铁通车

地下铁道始于英国。1863年英国伦敦建成了世界上最早的一条地下铁道，长度只有6千米，当时使用的是蒸汽机车。100多年后，北京也有了地下铁道。北京地铁是中国修建的第一条地下铁道。

北京地下铁道分两期工程完成。第一期工程于1965年7月开始，1969年10月通车，全长23.6千米，东起北京火车站东端，西至西郊苹果园，也就是后来“一线”地铁干线（又称1号线）的最初模样。现1号线运营路线西起苹果园站，东至四惠东站，全长30.44千米。

北京环线地铁西直门站

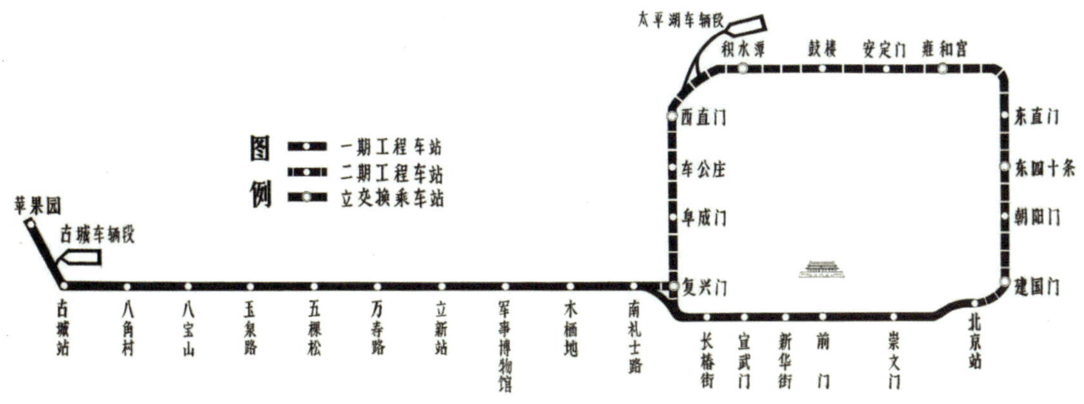

1982 年的北京地下铁道线路示意图

第二期工程于 1971 年开始，1984 年竣工，全长 17.2 千米，由北京火车站东端起，经建国门向北循原城墙一线环行，到复兴门南端与第一期工程衔接，构成一条略呈半圆形的环形线，也就是今天“环线地铁”（又称 2 号线）的北半环。

1992 年 6 月 24 日，北京地铁复（兴门）八（王坟）线开工建设，2000 年 6 月 28 日与 1 号线全线贯通。

截至 2017 年 12 月，北京地铁运营线路共有 22 条，运营里程 626 千米，共设车站 389 座，位居中国第二。

上海地铁虽开发的比较晚，但是后来者居上，2017 年上海地铁以运营里程 705 千米位列中国第一。上海地铁拥有车站 415 座，线路共有 17 条。

截至 2016 年 12 月，中国已开通地铁（或轨道交通）的城市有 30 个。

2008 年 7 月 19 日，北京三条奥运承诺新地铁线路同时开通试运营

1970

1970 年 4 月 24 日，“长征”1 号运载火箭成功发射我国第一颗人造地球卫星“东方红”1 号

第一颗人造地球卫星
——“东方红”1 号人造地球卫星

1970 年 4 月 24 日，风和日丽，春风拂面，发射场上人们精神抖擞，期待着中国第一颗人造地球卫星上天。等啊等啊，发射的时间终于到了，当计时器出现“0”字的时候，指挥员即刻发出了“点火”命令，只见一级火箭的 4 个发动机喷出了橘红色的火焰，巨大的气流将发射架底部导流槽中的冰块吹出去四五百米远。

晚 9 时 35 分，火箭在震耳的隆隆声中离开了发射架徐徐上升，发动机喷出的几十米长的火焰光亮夺目。火箭越飞越高，直上云霄，载着“东方红”1 号卫星向太空飞去。发射场区的地面观测站上的各种测控设备紧紧地跟踪着，各观测站不断传来“跟踪目标”“跟踪良好”“飞行正常”等报告，在指挥所的记录仪上的火箭飞行轨迹与设计轨道完全一致。

晚 9 时 48 分，从现场指挥所的广播

1970 年 4 月 24 日，“长征”1 号酒泉卫星发射中心总控室

我国第一颗人造地球卫星播送的《东方红》乐曲声传到湖南韶山后，韶山的英雄儿女怀着无限幸福的心情来到毛主席旧居，热烈地欢呼毛主席提出“我们也要搞人造卫星”的伟大号召胜利实现

里传来了“星箭分离、卫星入轨”的喜讯，人们顿时沸腾起来，个个尽情地欢呼跳跃，有的人流下了激动的眼泪。

晚 9 时 50 分，国家广播事业局报告：收到了中国第一颗人造地球卫星播放的《东方红》乐曲，声音清晰洪亮。

中国第一颗人造地球卫星“东方红”1 号发射圆满成功。

中国第一颗人造地球卫星的发射成功，在中国航天史上具有划时代的意义，是中国发展航天技术的一个良好开端。

中国是继苏联、美国、法国、日本之后世界上第五个能独立发射人造卫星的国家。

“东方红”1 号升空至今，中国已能独立研制、发射和应用不同种类不同用途的人造卫星。数据显示，从 1970 年第一颗人造地球卫星发射升空到 2018 年 6 月，中国共计发射人造卫星 400 余颗，在轨卫星超 200 颗，数量排名世界第二，仅次于美国。

共和国代表第一次坐在“联大”中国代表席上

1971 年 10 月 25 日，中华人民共和国国旗在纽约联合国大厦上空迎风飘扬

1971 年，对中华人民共和国来说是一个不平凡的年头：中国经过 20 余年的不懈斗争，终于恢复了在联合国的合法席位。此后，在国际组织和国际事务中，中国发挥着越来越不可忽视的作用。

1949 年 10 月 1 日，毛泽东主席在宣告中华人民共和国中央人民政府成立的同时宣布：“本政府为代表中华人民共和国全国人民的唯一合法政府。”中华人民共和国作为国际法主体，应当享有在联合国的固有地位及其他一切权利。

1950 年 11 月 28 日，中国政府特派代表伍修权奉命在联合国安全理事会上发表长篇演讲，怒斥美国侵略中国台湾的行为。这是

1971 年 11 月 15 日，中国代表团出席第 26 届联合国大会全体会议。会后，中国代表团受到各国记者的“包围”

中华人民共和国的代表第一次出席联合国安理会会议。败退到台湾的蒋介石集团仍窃踞着中国在联合国的席位。美国和某些西方大国利用其对联合国的控制，极力阻止共和国恢复在联合国的合法席位。

1971 年 10 月 25 日，第 26 届联合国大会表决了阿尔巴尼亚、阿尔及利亚等 23 国提出的“恢复中华人民共和国在联合国的一切合法权利，并立即把国民党集团的代表从联合国驱逐出去”的提案，结果以 76 票赞成，35 票反对，17 票弃权的压倒多数获得通过。第 26 届联合国大会终于恢复了中华人民共和国在联合国的合法席位。

第一批来华访问的美国客人——美国乒乓球队

1971 年 4 月 10 日晚，美国乒乓球代表团乘飞机抵达北京

1971 年 3 月，50 多个国家和地区的乒坛健儿会聚日本，中国代表队十分热情地邀请加拿大等国运动员“顺便去中国进行友好访问交流”；很多报刊都还记载着庄则栋与美国队员科恩在名古屋互赠礼物以示友好的情景。中国队的这一系列举动深深触动了美国队副领队，他来到中国驻地直率地问：“你们能不能也向我们美国队发出访问中国的邀请呢？”

4 月 7 日凌晨，毛泽东主席做出了决定：立即邀请美国乒乓球队来华访问。

1971 年 4 月 14 日下午，周恩来总理走进人民大会堂东大厅，走到美国乒乓球队员面前高兴地说：“你们这次应邀来访，打开了两国人民友好往来的大门。”

4 月 21 日上午，访华归国的美国乒乓球代表团团长斯庭霍文来到白宫，他告诉总统：中国乒乓球队将应邀回访美国。乒乓球队实现互访 10 个月以后，尼克松总统来到了中国——“小球”真的转动了“大球”。

这就是一段被称为“乒乓外交”的历史，这就是“小球转动了大球”的著名故事。“乒乓外交”从此成为一个专有名词，醒目地出现在政治学和国际关系学学术著作中，出现在各种各样的回忆录里。

未建交先访华的第一位外国元首
——美国总统尼克松

1972年2月21日，北京时间上午11时30分，蓝白色的美国总统座机“空军一号”降落在北京首都机场。

到达北京的这一历史性时刻是经过精心安排的。此时正是美国东部标准时间星期日晚上10时30分。像事先安排好的那样，在尼克松总统与夫人走出舱门之后，身后没有人跟随出来，长长的舷梯只有尼克松与夫人帕特迈步走下来。

周恩来总理紧握住尼克松总统伸过来的手，意味深长地说：“总统先生，你把手伸过了世界最辽阔的海洋和我握手。25年没有交往了啊！”

1972年2月21日，周恩来总理在机场迎接尼克松总统

尼克松抵京后仅3小时，便由周总理和基辛格陪同，乘“红旗”轿车驶进了中南海丰泽园。毛泽东主席伸出手握住尼克松的手达1分钟之久。尼克松对毛主席的一系列高论表示赞同，他紧握毛主席的手说：“我们在一起可以改变世界。”

1972 年 2 月 21 日，国务院总理周恩来同美国总统尼克松举行会谈

当晚，周总理在人民大会堂举行欢迎尼克松总统访华的盛大国宴。

中国军乐团演奏《美丽的阿美利加》和《牧场之家》等美国歌曲，这使在场的美国官员和太平洋彼岸的美国电视观众深为感动。中美两国军队 22 年前曾在朝鲜战场上较量过，其后中国大陆再未在正式仪典上奏过美国国歌和歌曲，人们不禁感慨万千，一个旧的时代过去了，一个新的时代开始了。

2 月 27 日，中美两国在上海就联合公报达成协议，在晚上的告别宴会上，尼克松总统满怀信心地说："今后我们要做的事情是建造一座跨越 1.6 万英里和 22 年敌对情绪的桥梁。"

中美关系的改善，使中国得到了一个自中华人民共和国成立以来未曾有过的良好的国际环境，美国对华政策战略性的转变和中国对美政策的调整，不仅为中美关系的发展奠定了基础，而且开创了国际关系发展的新阶段。同时，中国外交从世界革命观念指导下走向务实，中国外交之路日臻成熟。

20 世纪 70 年代末中国开始实行对外开放政策，全面打开了通往世界的大门。

1972 年 2 月 21 日，周恩来总理举行宴会欢迎尼克松总统和夫人

第一次全国环境保护会议召开

1972 年 6 月 10 日，中国代表团团长、燃料化学工业部副部长唐克在联合国人类环境会议全体会议上发言

近年来，中共中央、国务院日益重视环境保护工作。环境保护工作已经成为共和国的一项基本国策。中共十九大政治报告把生态文明建设和生态环境保护提升到前所未有的战略高度。习近平总书记特别指出，金山银山不如绿水青山。

早在 20 世纪 70 年代，中国政府就已经开始重视环境保护工作。1970 年前后，国务院总理周恩来曾多次指示国家有关部门和地区要切实采取措施防治环境污染。

1972~1975 年开展的官厅水库水源保护工作是新中国环境保护事业起步阶段一项重要的环境保护工程。1972 年 6 月，建立了官厅水库水源保护领导小组，开始了中国第一个水域污染的治理。接着，国务院又批准召开防治大连、上海等主要港口和松花江、黄河、长江、珠江、渤海、东海等水域污染会议。1972 年 6 月，中国派代表团第一次出席了在斯德哥尔摩召开的联合国人类环境会议。

在环境保护工作受到重视的情况下，1973 年 1 月，国务院决定筹备召开全国环境保护会议。

1973 年 8 月 5~20 日，由国务院委托国家计委在北京组织召开的第一次全国环境保护会议，审议通过了“全面规划、合理布局、综合利用、化害为利、依靠群众、大家动手、保护环境、造福人民”的环境保护工作 32 字方针和中国第一个环境保护文件——《关于保护和改善环境的若干规定》。此次会议推动了中国环境保护工作的开展，迈出了中国环境

保护事业关键性的一步。

1983 年 12 月 31 日 ~1984 年 1 月 7 日召开的第二次全国环境保护会议，将环境保护确立为基本国策。

1989 年 4 月 28 日 ~ 5 月 1 日召开的第三次全国环境保护会议，提出要加强制度建设，深化环境监管，向环境污染宣战，促进经济与环境协调发展。

1996 年 7 月 15~17 日召开的第四次全国环境保护会议，提出了保护环境的实质就是保护生产力，要坚持污染防治和生态保护并举，全面推进环保工作。

2002 年 1 月 8 日召开的第五次全国环境保护会议，提出了环境保护是政府的一项重要职能，要按照社会主义市场经济的要求，动员全社会的力量做好这项工作。

2006 年 4 月 17~18 日召开的第六次全国环境保护会议，强调做好新形势下的环保工作，要加快实现三个转变，即从重经济增长轻环境保护转变为保护环境与经济增长并重；从环境保护滞后于经济发展转变为环境保护和经济发展同步；从主要用行政办法保护环境转变为综合运用法律、经济、技术和必要的行政办法解决环境问题。

2011 年 12 月 20~21 日召开的第七次全国环境保护会议，强调坚持在发展中保护、在保护中发展，积极探索环境保护新道路，切实解决影响科学发展和损害群众健康的突出环境问题，全面开创环境保护工作新局面。

2018 年 5 月 18~19 日，全国生态环境保护大会在北京召开。习近平总书记出席会议并强调，生态文明建设是关系中华民族永续发展的根本大计。要确保到 2035 年，生态环境质量实现根本好转，美丽中国目标基本实现，为老百姓留住鸟语花香田园风光。

此次会议之后，举国上下，大江南北，长城内外，都积极地行动起来，要用铁的纪律守护绿水青山。

2018 年 6 月 28 日，无人机拍摄的密云水库

1974

陕西临潼秦始皇陵陪葬陶俑坑里列队的兵俑

秦始皇兵马俑第一次出土

1974 年春天关中平原大旱，农民忙着打井抗旱。3 月 29 日，陕西省临潼县农民在秦始皇陵园东边儿不远的地方打井。当挖到 4 米多深时，挖出来一颗“人头”来。仔细一看，原来是陶制的人头。

人们惊呼起来：“瓦神爷！”摆在人们面前的是一颗陶制人头，形象极为恐怖。只见这颗人头顶上长角，二目圆睁，紧闭的嘴唇上方有两撮翘卷的八字须。

以前，这个地方的人偶尔也会发现陶质神像。当地人把陶质神像叫作“瓦罐头”，或者称为“瓦爷”“瓦神爷”。

这些农民兄弟真是不知道啊，他们发现的居然是“世界第八奇迹”——秦始皇兵马俑。

1974 年 7 月，陕西省文物考古部门组织考古队开始对该地进行勘察和清理，先后发现 4 个兵马俑坑，总面积为 25380 平方米，属于秦始皇陵园的一个组成部分。兵马俑坑大约开始于公元前 221 年秦统一六国后开始修建，到前 209 年因农民起义爆发而被迫停工，前 206 年项羽入关时被焚毁。秦兵马俑群规模庞大，内容丰富，堪称中国雕塑艺术史上的奇迹，为研究秦代军队的装束、服饰、武器设备、编制等提供了形象化的实物资料。经发掘后，1977 年就地建成秦始皇兵马俑博物馆。

考古工作者在陕西省秦兵马俑坑内做修复工作

1987 年，秦始皇陵及兵马俑坑被联合国教科文组织批准列入《世界遗产名录》。

来华访问的外国政要都“情迷”兵马俑。兵马俑已成为中国古代辉煌文明的一张金字名片。

自从 1979 年以来，先后来到秦始皇陵兵马俑参观访问的外国元首和政府首脑约有 200 多位。他们之中，有新加坡总理李光耀，美国总统里根、克林顿，法国总统希拉克、萨科齐、马克龙，英国女王伊丽莎白二世，俄罗斯总统普京，德国总理默克尔，联合国秘书长潘基文，印度总理莫迪……

秦兵马俑——“世界第八奇迹”的称号就是法国总统希拉克第一个提出来的。

兵马俑，其实是彩色的

我们现在看到的兵马俑都是灰色的。

其实，兵马俑最初都是彩绘的。因深埋地下、火烧等原因，有的彩绘脱落，有的因遇空气等原因变成了灰色，出土时大多数陶俑表面的彩绘已损失殆尽。

在秦兵马俑一号坑第三次考古发掘现场，考古人员发现个别陶俑身上残存着大面积彩绘。考古人员还发现一个破损严重的彩绘俑。后来又发现一尊完整彩绘俑，发髻清晰可见，面容祥和，还留着八字胡。这让人十分惊喜。但是，这些兵马俑出土后不到 10 秒钟，它们身上的彩色便消失不见了。真是可惜啊。

考古工作者经过长期研究，最后于 2001 年取得了“秦俑彩绘保护技术研究”文物保护科技成果。这项技术很快就应用于彩色兵马俑的保护工作中。

保护修复后的绿脸俑

第一条全线电气化铁路
——宝成铁路建成

1980 年 1 月 30 日，一列火车运行在中国西北秦岭山区宝成铁路上

提起电气化铁路，人们可能首先会想到 1964 年建成的日本新干线高速铁路，法国的子弹头列车。

所谓电气化铁路，就是以电力机车作为列车牵引动力的铁路。电力机车不带发动机，而是从沿线接触网上连接电源，通过牵引电机将电能转变为机械能使机车运行。

中国早在 1956 年就已经提出“尽快发展电气化铁路”的规划。1956 年 8 月 21 日在北京召开全国铁道科学工作会议，通过了《铁道科学技术发展远景计划纲要草案》。此后，实施电气化改造的第一条铁路就是宝成铁路。

1956 年 7 月 12 日接轨通车的宝成铁路，北起陕西宝鸡，南至四川成都，全长 669 千米，是第一条入川并通向西南地区的铁路，桥梁线路占全线总长的 17%。1958 年 6 月，作为发展电气化铁路的试点，宝成铁路的宝鸡—凤州段开始电气化改造。历时一年多，全长 91 千米的电气化铁路竣工运营，成为中国第一个铁路电力牵引区段。经改造后的铁路运输能力由原来的 262 万吨 / 年提高到 1320 万吨 / 年。同年 12 月，宝成路全线其他各段的电气化改造工程分期开始，后陆续完成，绵阳—成都是最后一段。

1975 年 7 月 1 日，中国第一条全线电气化铁路诞生了。作为沟通西北与西南的第一条铁路干线，改造后的宝成铁路在运输能力和效率上都得到了极大的提高，在物资流通方面起到了更加重要的作用。

从 1995 年开始，中国铁路全面改造工程启动了，电气化路段急剧增加，为逐步实施列车提速做好了硬件的准备。截至 2017 年底，全国电气化铁路总里程已达 8.7 万千米。我国电气化铁路走出了一条从无到有、从低吨位到重载、从普速到高速的探索创新之路。通过原始创新、集成创新和消化吸收再创新，我国电气化铁路不仅总里程跃升世界第一，在技术水平和建设质量上也达到世界领先水平。

第一台电力机车——“韶山”1 型干线电力机车献礼

电气化铁路的牵引机车是电力机车。

20 世纪 50 年代末，湖南的湘潭和株洲制造出了以“韶山”命名的电力机车。“韶山”作为中国经济建设的主型机车，在国民经济建设中发挥着火车头的作用。

1958 年 12 月，我国第一台干线电力机车下线

中国铁路电力牵引的主型机车——“韶山”1 型干线电力机车的研制始于 1958 年。当年，以第一机械工业部湘潭电机厂为主，铁道科学研究院、上海交通大学、北京铁道学院、唐山铁道学院和株洲电力机车厂（原名田心机车车辆工厂）等参加联合设计，由湘潭电机厂和株洲电力机车厂协作试制。1958 年底试制出 1 台。1959 年 10 月，“韶山”1 型干线电力机车驶向北京，与兄弟工厂制造的“卫星”“巨龙”“先行”等机车一起向国庆十周年献礼，并参加全国工业展览。中国科学院院长郭沫若曾前往参观并写诗祝贺：“电掣风驰今在眼／巨龙追逐卫星奔／韶山初见星星火／此日已经燎大原。”

90 年代的“韶山”5 型高速客运电力机车，最高时速已达 140 千米。1996 年，中国首台大功率交流传动 AC4000 电力机车，在株洲电力机车厂研制成功。它的问世是中国交流传动技术零的突破，标志着国产铁路牵引动力由交直传动向交流传动跨越的里程碑，也使中国成为世界上少数能研制该种机车的国家之一，为之后向铁路运输提供重载高速的现代化机车奠定了基础。

中国工程技术人员和坦桑尼亚工人在一起研究技术革新

中国工程技术人员和坦桑尼亚工人共同战斗在遂道里

第一个大型铁路援外工程——坦赞铁路全线通车

一些中老年人可能还会依稀记得，20世纪70年代初相声演员马季曾经自编自演过一个相声——《友谊颂》。这个相声描写的就是中国铁路工人援建坦赞铁路的事迹。其中的“拉菲克”（朋友之意）几乎成为当时流行的外来语。

中国与坦桑尼亚、赞比亚建交后，为了支持两国发展经济、巩固政治独立，中国通过贷款的方式，向两国提供了大量经济技术援助，帮助两国建成了一大批成套项目。在众多的项目中，坦赞铁路是最大的一个，也是自中华人民共和国成立以来第一个大型援外项目。

坦赞铁路东起坦桑尼亚首都达累斯萨拉姆，西至赞比亚中部的卡皮里姆波希，全长1860.5千米。根据1967年9月8日中坦赞在北京签订的关于修建铁路的协定，中国援助修建坦赞铁路。坦赞铁路从

中国工程技术人员和赞比亚工人并肩战斗，奋战沼泽，排水筑路基

建设坦赞铁路的中、坦两国工人，为使铁路早日通车，在铺轨机运到之前，用人工铺轨

1970 年 10 月正式动工，1976 年 7 月全线通车，历时 5 年零 8 个月。

为了在地形复杂、条件艰苦的异国他乡修建这条铁路，59 名中国工程技术人员献出了他们宝贵的生命。坦赞铁路的建成树立了中国无私援外的典范，对支持坦赞两国维护独立、发展经济和改善人民生活起到了重要的作用。正如赞比亚前总统卡翁达所说：“坦赞铁路将永远是中非团结的里程碑。”

20世纪90年代末，袁隆平在观察两系法杂交晚稻的生长情况

第一个研制出杂交水稻的专家——袁隆平

袁隆平，这位人和名字一样朴实的农业科学家，大半辈子就在钻研这一个问题："地，究竟能有多高产？"袁隆平（1930～　），中国杂交水稻育种专家，中国研究与发展杂交水稻的开创者，被誉为"世界杂交水稻之父"。1953年毕业于西南农学院（现西南大学）。

袁隆平曾做过一个非常浪漫的梦：水稻长得像人一样高，人们在丰收的稻穗下乘凉……

为了让这个美梦成真，袁隆平经过半生的艰苦努力，率先在全世界成功地研制出三系法和两系法杂交水稻，并于1976年开始推广。杂交水稻与常规稻比较，每公顷年增产1.6吨。到2006年，中国累计推广种植杂交水稻56亿多亩，增加稻谷5200多亿千克。美国、日本、巴西等20多个国家引进推广，为解决世界人口的粮食问题发挥了重大作用。

1997年，袁隆平又开展超级杂交稻研究。已于2000年、2004年、2012年分别实现中国超级稻百亩示范片亩产700千克、800千克、900千克的第一期、第二期、第三期目标。

1998年6月底，由国务院国有资产监督管理委员会授权湖南四达资产评估事务所认定：国家杂交水稻工程技术研究中心"袁隆平"品牌的价值为1000亿元人民币。1000 亿，这个数字相当于一个农业大省一年地方税收的 10~20 倍。这是中国迄今为止无形资产评估价值数额最大的一宗项目。

“袁隆平”的品牌效应，对于推进中国农业产业化、集团化进程，展示中国无形资产的实力，利用和保护知识产权，促进科技成果转化都有十分深远的意义。

2013 年 9 月 29 日，第四期超级稻百亩示范片“Y 两优 900”中稻在湖南省隆回县羊古坳乡牛形村实现百亩平均亩产达 988.1 千克，创世界纪录。

2016 年 7 月 20 日在兴宁对华南双季稻年亩产 1500 千克绿色高效模式攻关项目进行测产验收。经过专家组实割测得，实现双季超级稻年亩产 1537.78 千克，创双季稻产量世界纪录。

袁隆平曾经获得国家最高科学技术奖、国家科学技术进步奖特等奖等多项荣誉。1995 年被选为中国工程院院士。1999 年中国科学院北京天文台施密特 CCD 小行星项目组发现的一颗小行星被命名为“袁隆平”星。2006 年 4 月当选美国国家科学院外籍院士。2018 年 11 月 18 日，袁隆平获未来科学大奖。同年 12 月 18 日，中共中央、国务院授予袁隆平同志改革先锋称号，颁授改革先锋奖章，并获评杂交水稻研究的开创者。

2014 年 10 月 10 日，工作人员在湖南省溆浦县横板桥乡红星村的超级杂交稻“Y 两优 900”攻关田里收割稻子

各大媒体第一次公布恢复高考的消息

1966年6月中旬的一天，某中学班主任宣布，从今天起不再上课了，全体学生都要投入到火热的“无产阶级文化大革命”中去。

当时，有些男生竟然欢呼雀跃起来——终于不用上课了，终于不用考试了……也有少数同学不禁黯然泪下。

可是，他们根本没有想到，他们之中的绝大多数人从此告别了书桌、告别了书本、告别了老师、告别了学校。伤感的同学也说不清楚自己还会不会重新走进课堂学习。此后，中国取消了全国高等学校的入学考试。

10年之后，形势悄然发生了变化。

1977年8月4~8日，复出不久的邓小平在北京主持召开了科学和教育工作座谈会，邀请了30多位科学家和教育工作者参加。8月6日下午，会议讨论的重点转移到“高校招生”这个热点问题。在此之前，教育部以“来不及改变”为由，决定仍然维持“文化大革命”中推荐上大学的办法，并刚刚将方案上报中共中央。这引起了与会者的反对，纷纷揭露这种办法的弊病，并主张立即恢复高考，建议如果时间来不及可推迟当年招生时间。

这些意见得到邓小平的支持，他要求教育部立即追回送中央的报告。邓小平的明快果断，当即赢得了全场热烈的掌声。

9月19日，邓小平同教育部负责人谈话指出，教育战线要进行拨乱反正，1971年《全国教育工作会议纪要》里讲的所谓“两个估计”是不符合实际的。

邓小平以他的决断和魄力，做出了一个改变一代人命运的决定：“今年就要下决心恢复从高中毕业生中直接招考学生，不要再搞群众推荐。从高中直接

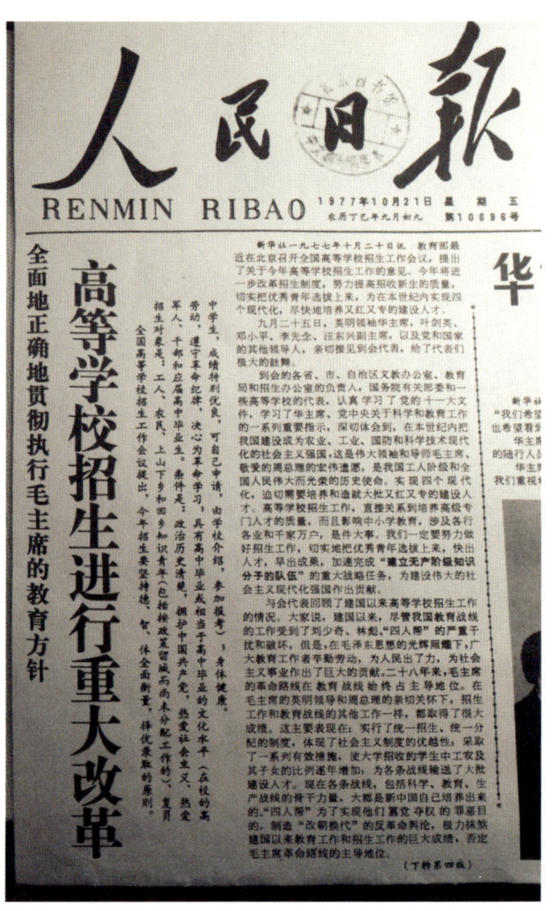

人民日报

RENMIN RIBAO

1977年10月21日 星期五

农历丁巳年九月初九 第10696号

全面地正确地贯彻执行毛主席的教育方针

高等学校招生进行重大改革

全国高等学校招生工作会议提出，今年招生要坚持德、智、体全面衡量，择优录取的原则。招生对象是：工人、农民、上山下乡和回乡知识青年（包括按政策留城而尚未分配工作的）、复员军人、干部和应届高中毕业生。条件是：政治历史清楚，拥护中国共产党，热爱社会主义，热爱劳动，遵守革命纪律，决心为革命学习，具有高中毕业或相当于高中毕业的文化水平（在校的高中学生，成绩特别优良，可自己申请，由学校介绍，参加报考），身体健康。

新华社一九七七年十月二十日讯 教育部最近在北京召开全国高等学校招生工作会议，提出了关于今年高等学校招生工作的意见。今年将进一步改革招生制度，努力提高招收新生的质量，切实把优秀青年选拔上来，为在本世纪内实现四个现代化，尽快地培养又红又专的建设人才。

九月二十五日，英明领袖华主席，叶剑英、邓小平、李先念、汪东兴副主席，以及党和国家的其他领导人，亲切接见到会代表，给了代表们极大的鼓舞。

到会的各省、市、自治区文教办公室、教育局和招生办公室的负责人，国务院有关部委和一些高等学校的代表，认真学习了党的十一大文件，学习了华主席、党中央关于科学和教育工作的一系列重要指示，深切体会到，在本世纪内把我国建设成为农业、工业、国防和科学技术现代化的社会主义强国，这是伟大领袖和导师毛主席、敬爱的周总理的宏伟遗愿，是我国工人阶级和全国人民伟大而光荣的历史使命。实现四个现代化，迫切需要培养和造就大批又红又专的建设人才。高等学校招生工作，直接关系到培养高级专门人才的质量，而且影响中小学教育，涉及各行各业和千家万户，是件大事。我们一定要努力做好招生工作，切实地把优秀青年选拔上来，快出人才，早出成果，加速完成“建立无产阶级知识分子的队伍”的重大战略任务，为建设伟大的社会主义现代化强国作出贡献。

与会代表回顾了建国以来高等学校招生工作的情况。大家说，建国以来，尽管我国教育战线的工作受到了刘少奇、林彪、“四人帮”的严重干扰和破坏，但是，在毛泽东思想的光辉照耀下，广大教育工作者辛勤劳动，为人民出了力，为社会主义事业作出了巨大的贡献。二十八年来，毛主席的革命路线在教育战线始终占主导地位。在毛主席的英明领导和周总理的亲切关怀下，招生工作和教育战线的其他工作一样，都取得了很大成绩。这主要表现在：实行了统一招生、统一分配的制度，体现了社会主义制度的优越性；采取了一系列有效措施，使大学招收的学生中工农及其子女的比例逐年增加，为各条战线输送了大批建设人才。现在各条战线，包括科学、教育、生产战线的骨干力量，大都是新中国自己培养出来的。“四人帮”为了实现他们篡党夺权的罪恶目的，制造“改朝换代”的反革命舆论，极力抹煞建国以来教育工作和招生工作的巨大成绩，否定毛主席革命路线的主导地位。

（下转第四版）

1977年10月21日，《人民日报》头版头条发表《高等学校招生进行重大改革》，宣布恢复高考

招生，我看可能是早出人才、早出成果的一个好办法。”

全国高等学校招生工作会议最终决定恢复已经停止了10年的全国高等院校招生考试，以统一考试、择优录取的方式选拔人才上大学。恢复高考的招生对象是：工人、农民、上山下乡和回乡知识青年、复员军人、干部和应届高中毕业生。

1977年，在北京参加高等学校入学考试的青年正在认真答卷

10月21日，中国各大媒体公布了恢复高考的消息。12月，共和国历史上唯一一次冬季高考承载着570万考生的希望正式开考。当年全国大专院校录取新生27.3万人；1978年，有610万人报考，录取新生40.2万人。77级学生是在1978年春天入学，78级学生是在当年秋天入学，两次招生仅相隔半年。

1978年2月，恢复高考后的第一批清华大学生进入大学校门

高等学校招生恢复考试录取制度为改革开放准备了人才。恢复高考所恢复的不仅是参加了那场考试的570万考生的信心与希望，它还使数千万知识青年认识到知识的重要性、教育的重要性，因此恢复高考在一定意义上，可以说是一场“教育复兴运动”。恢复高考选拔培养了一大批刻苦钻研、富有创造力和求学精神的人才，造就了77级、78级、79级近百万大学毕业生，这些学子在大学毕业投身社会主义建设后，迅速成长为支持改革开放、经济起飞、社会进步的中坚力量，其中有不少成为了国家的栋梁之材。

1978

第一次科学大会——全国科学大会

1978 年 3 月 18~31 日，中共中央、国务院组织召开了中国科学技术发展史上具有里程碑意义的全国科学大会。参加大会的代表近六千人。他们当中有老一辈的科学家、学界泰斗、专家、知名人士以及新一代学子和做出过突出贡献的科技工作者。在这个划时代的会议上，邓小平同志做了重要讲话。他强调了两个相互关联的马克思主义的观点：“科学技术是生产力”；“知识分子是工人阶级的一部分”。两个

1978 年春，华罗庚出席全国科学大会，与中青年数学家杨乐（左一）、张广厚（左二）、陈景润（右二）在一起

1978 年 3 月，全国科学大会在北京人民大会堂隆重召开

言简意赅的论点，从观念上改变了许多人的认识。精辟的论断，指引着中国走上改变贫穷落后面貌的发展之路。

全国科学大会给即将改革开放的中国吹入了一股清新的空气，人们百感交集：科学的春天到来了。

知识和人才是国家发展最重要的资源。如何对待知识和知识分子的问题，是关系到社会主义现代化建设，乃至国家兴亡的关键问题。如果说 1978 年是中国科学春天来到的日子，那么，如今科学的春风已经吹绿了神州大地。中国正是依靠了科技进步，经济实力和综合国力才以世人赞誉的速度增长。

出席全国科学大会的北京市代表热烈讨论中共中央副主席邓小平的重要讲话和国务院副总理方毅的报告

全国科学大会于 1978 年 3 月 31 日胜利闭幕，各省市自治区、各部门的部分代表领奖

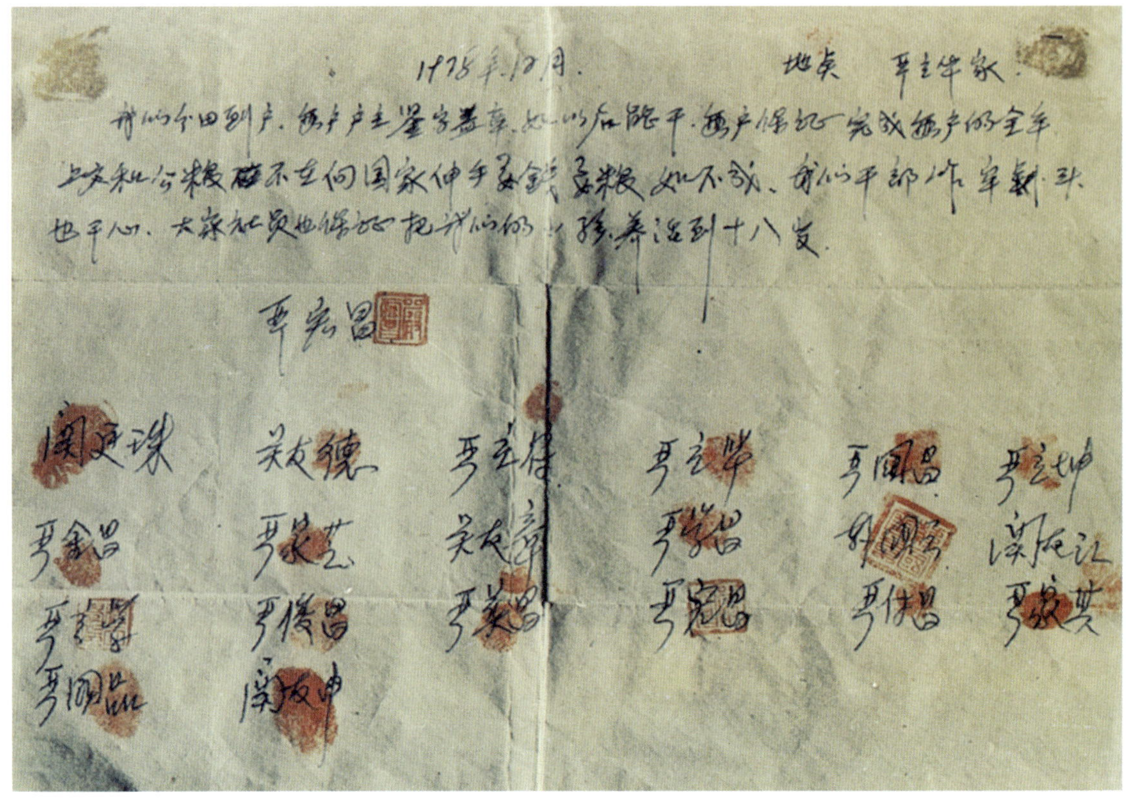
1978年12月. 地点 严立华家.

我们分田到户，每户户主签字盖章，如以后能干，每户保证完成每户的全年上交和公粮，不在向国家伸手要钱要粮，如不成，我们干部作牢刹头也甘心，大家社员也保证把我们的小孩养活到十八岁.

严宏昌

关廷珠 关友德 严立符 严立华 严国昌 严立坤

严金昌 严家芝 关友章 严学昌 韩国云 关友江

严立学 严俊昌 严美昌 严宏昌 严付昌 严家其

严国品 关友申

小岗村18位农民按下红手印的“包产到户”契约

第一份土地承包合同
——安徽凤阳小岗村包干合同

1978年11月，安徽省凤阳县一个普通社员的家里，发生了一件不寻常的事情：小岗生产队的十几个社员在生产队长严俊昌的带领下，偷偷摸摸签订了一份“文书”，把生产队的地给分了。对他们来说，这份“包干合同”可是押上身家性命的“生死文书”。18位社员在那张大纸上按上了自己的手印。“按手印”，对老百姓来说，那意思再明白不过：生死由命，义无反顾。

1978年夏，安徽大旱，这年夏收分麦子，凤阳县小岗生产队每个劳动力才分到3.5千克。全队18户，只有2户没讨过饭。队里严国昌等几个老人找到生产队长严俊昌商量：再这样下去不行了，得想想办法。办法就是不吃大锅饭！副队长严宏昌再也不想出去要饭了。11月，严俊昌、严宏昌联合18户人家搞了大包干。“我豁出去了，要是我被抓起来，队里人会养活你们娘儿几个的。”严宏昌很悲壮地对自己的婆娘说。

这个冒着身家性命危险带头实行“大

“大包干”带头人合影，后排左四为严宏昌

严宏昌在村里第一个买了拖拉机

包干”的人说：这是逼出来的，不改革只有死路一条。“不改革只有死路一条”，这也正是邓小平反复告诫人们的话。

这份红手印包干书后来成为中国农村改革的一份重要文件，被认为是中国第一份包干合同书。这份包干合同书现藏于中国国家博物馆，成了热门展品，参观者络绎不绝。

1978

1978 年 12 月，具有重大历史意义的中共十一届三中全会在北京召开

第一次提出改革开放方针
——中共十一届三中全会召开

1976 年的 10 月，平地一声惊雷——中共中央一举粉碎了“四人帮”，中国人民再次得到了“解放”。

当时，中国经济处于崩溃的边缘，百废待兴；生活上人民困苦；思想上万马齐喑。全民思变，全党思变。举国上下涌动着“求变”的暗潮。

当时中共中央的主要领导人仍然坚持“两个凡是”的左倾方针，由此还引发了一场关于真理标准问题的讨论。

就在这个历史关头，中国共产党再次选择了正确的道路，再次拨正了中华巨轮航行的方向。

1978 年 12 月 18 日，本来这只是一个平平常常的日子，但是这个日子却在中国历史上留下了浓墨重彩的一笔，中华民族又一次迎来了历史新纪元。

1978 年 12 月 18 ~ 22 日，中共十一届三中全会在北京召开。出席会议的有中央委员 169 人、候补中央委员 112 人、列席 9 人。全会的中心议题是讨论把全党工作重点转移到社会主义现代化建设上来。

中共十一届三中全会结束了粉碎“四人帮”之后两年中党的工作在徘徊中前进的局面，实现了建国以来党的历史的伟大转折。这个伟大转折是全局性的、根本性的，集中表现在以

启动了农村改革的新进程。

这次会议彻底否定了“两个凡是”的方针，高度评价了关于真理标准问题的讨论，重新确立了解放思想、实事求是的思想路线。这次会议决定停止使用“以阶级斗争为纲”的口号，做出把党和国家的工作重心转移到经济建设上来，实行改革开放的伟大决策；否定了中共十一大沿袭的“文化大革命”中的“无产阶级专政下继续革命”，以及“文化大革命”今后还要进行多次的观点。

中共十一届三中全会是中共历史上具有深远意义的伟大转折，开启了改革开放历史新时期。全会开辟了建设有中国特色社会主义的新道路。指导改革开放和社会主义现代化建设的强大理论武器——邓小平理论，在这次全会前后开始逐步形成和发展起来。中国从此进入了改革开放和社会主义现代化建设的历史新时期，中国共产党从此开始了建设中国特色社会主义的新探索。

下几个主要方面：①全会实现了思想路线的拨乱反正；②全会实现了政治路线的拨乱反正；③全会实现了组织路线的拨乱反正；④全会开始了系统地清理重大历史是非的拨乱反正；⑤全会恢复了党的民主集中制的传统；⑥全会作出了实行改革开放的新决策，

1978 年 12 月 22 日，邓小平和陈云在中共十一届三中全会上

第一个大规模绿色工程
——中国“三北”防护林体系工程

甘肃省合水县农民整治荒地，准备种树

2000年以前，一到春天一刮大风，黄沙漫天，沙尘弥漫。那时的大风一刮就刮上三四天。北京人称之为“风三儿”。大风天气，出门时，女士们都围着纱巾，一个个都是“蒙面女郎”。

而今，北京的大风天气明显减少，“风三儿”几乎不见了，“蒙面女郎”也少多了。这都是托“三北”防护林体系工程的福。

中华人民共和国成立初期，国家先后在自然灾害严重的地区组织营造了固沙防护林，但效果不显著，尤其是西北地区北部、华北地区北部和东北地区西部，被称为“三北”地区的广大范围内，风沙危害和水土流失十分严重。

1978年，国务院将“三北”防护林体系工程正式纳入国家建设计划，范围包括新疆、陕西、甘肃、宁夏、青海、山西、内蒙古、河北、北京、天津、黑龙江、吉林、辽宁13个省市区的551个县、旗、市、区，总建设面积达406.9万平方千米，占国土面积的42%。整个工程计划历时72年，共需造林3560万公顷，被国际誉为“世界生态工程之最”。

“三北”防护林体系工程分为三个阶段：1978~2000年为第一阶段；2001~2020年为第二阶段；2021~2050年为第三阶段。

截至1998年，累计造林近2000万公顷；“三北”地区20%的沙漠化土地和40%的水土流失地带得到了治理和控制，85%以上的农田受到林网保护；东三省和京津周围地区已形成区域性的防护林体系，生态环境明显改善。

从2001年起，为构建21世纪林业生产建设布局，国家林业局把“三北”防护林体系工程整合到林业六大工程（天然保护林工程、“三北”和长江中下游等重点防护林体系建设工程、退耕还林还草工程、环北京地区防沙治沙工程、野生动植物保护及自然保护建设工程、速生丰产用材林为主的林业产业基地建设工程）的防护林体系建设中。

腾格里沙漠边缘的宁夏回族自治区中卫县，将2 000公顷沙地改造成农田

2018年11月，中共中央总书记习近平对“三北”工程建设做出重要指示。习近平强调：坚持久久为功、创新体制机制、完善政策措施、巩固和发展祖国北疆绿色生态屏障。11月30日，“三北”工程建设40周年总结表彰大会在北京召开。12月24日，国新办举行新闻发布会，发布“三北”防护林体系建设40年综合评价报告。

报告指出，“三北”工程按计划完成了建设任务，区域生态环境质量得到明显改善。“三北”工程40年累计完成造林面积4614万公顷。同时，“三北”工程区森林面积净增加2156万公顷，森林覆盖率由5.05%提高到13.57%。

城市绿化是“三北”防护林体系工程的内容之一，东北部吉林省省会长春是城市绿化的佼佼者

全国人民代表大会常务委员会第一次发表《告台湾同胞书》

1979 年 1 月，政协全国委员会就全国人大常委会发表的《告台湾同胞书》在北京举行座谈会

1949 年国民党败退台湾，从大陆带走了百余万军政人员。他们偏处东南一隅，他们也带去了乡愁。

台湾诗人余光中写到——

乡愁是一湾浅浅的海峡。

我在这头，大陆在那头。

这一去，台湾海峡两岸隔绝。但是祖国大陆一直在挂念着海峡东岸的人民。中华人民共和国成立后，民主党派、国防部曾几次发表《告台湾同胞书》。台湾民主自治同盟于 1950 年 2 月 28 日发表《告台湾同胞书》，首次提出要完成解放台湾的任务。国防部于 1958 年 10 月 6 日发表《中华人民共和国国防部告台湾同胞书》，10 月 25 日发表《中华人民共和国国防部再告台湾同胞书》，11 月 1 日的《中华人民共和国国防部三告台湾同胞书》在当时并没有公开发表。

1978年12月，中共十一届三中全会以后实现了党和国家工作重心的战略转移；同时，国际形势也发生了深刻变化，中美正式建交，为和平解决台湾问题创造了新的有利条件。1979年1月1日，中华人民共和国全国人民代表大会常务委员会第一次发表《告台湾同胞书》，郑重宣布了关于台湾回归祖国、实现国家统一的大政方针。

《告台湾同胞书》主要内容包括：第一，强调在解决统一问题时，“一定要考虑现实情况”，“尊重台湾现状和台湾各界人士的意见，采取合情合理的政策和办法，不使台湾人民蒙受损失”。第二，提出“我们寄希望于台湾1700万人民，也寄希望于台湾当局”。肯定“台湾当局一贯坚持一个中国的立场，反对台湾独立。这就是我们共同的立场，合作的基础”。第三，提出“首先应当通过中华人民共和国政府和台湾当局之间的商谈结束这种军事对峙状态”。第四，提出“双方尽快实现通航通邮，以利双方同胞直接接触”，“发展贸易，互通有无，进行经济交流”。

《告台湾同胞书》是新时期中国共产党和中国政府对台方针政策的重要宣示，标志着中国政府对台方针政策的重大转变。

1981年9月，全国人大常委会委员长叶剑英发表了著名的《关于台湾回归祖国实现和平统一的方针政策》的谈话，进一步提出了实现祖国统一的九点建议，主张举行国共两党对等谈判，实现第三次国共合作。

1995年1月30日，中共中央总书记江泽民代表中国共产党和中国政府发表了题为《为促进祖国统一大业的完成而继续奋斗》的电视讲话，阐述了邓小平关于“和平统一、一国两制”的思想精髓，并就现阶段发展两岸关系、推动祖国统一进程提出了八项主张。

2008年12月31日，中共中央总书记胡锦涛在纪念《告台湾同胞书》发表30周年座谈会上发表《携手推动两岸关系和平发展，同心实现中华民族伟大复兴》的重要讲话，就进一步发展两岸关系提出六点意见。主要内容为：①恪守一个中国，增进政治互信。②推进经济合作，促进共同发展。③弘扬中华文化，加强精神纽带。④加强人员往来，扩大各界交流。⑤维护国家主权，协商涉外事务。⑥结束敌对状态，达成和平协议。

2019年1月2日，《告台湾同胞书》发表40周年纪念会在人民大会堂举行。中共中央总书记习近平出席纪念会并发表重要讲话。习近平就推动两岸关系和平发展、实现祖国统一提出五点主张：第一，携手推动民族复兴，实现和平统一目标；第二，探索“两制”台湾方案，丰富和平统一实践；第三，坚持一个中国原则，维护和平统一前景；第四，深化两岸融合发展，夯实和平统一基础；第五，实现同胞心灵契合，增进和平统一认同。

1979

1979 年 1 月 29 日，美国总统卡特及夫人在华盛顿白宫举行仪式欢迎邓小平夫妇

第一位访问美国的中国领导人——邓小平

1979 年 1 月 1 日，中华人民共和国和美利坚合众国正式建交。中美建交是中美两国关系中具有历史意义的重大转折，它宣告中美终于结束了近 30 年的相互敌视与对抗，中美之间的关系从此进入了一个新的阶段。

中美建交后，为促进中美两国人民的友谊和两国良好关系的进一步发展，应美国政府的邀请，国务院副总理邓小平于 1979 年 1 月 28 日至 2 月 5 日正式访问美国。他是第一位正式访问美国的中国领导人。

访美期间，邓小平在会见各界人士时一再表示希望中美两国人民千秋万代地友好下去，能在维护世界和平和发展经济这两大方面发展合作。他还反复强调说，中美关系的不断发展，一定会对太平洋地区乃至世界的局势产生深远的积极影响。邓小平的这些讲话，在美国各阶层人士中都引起了良好的反响。

邓小平访美取得了圆满成功。这次访问对于发展中美两国的关系，肯定共同点，缩小分歧点，收到了良好和巨大的效果；

1979 年 1 月 31 日，邓小平（左二）在美国华盛顿白宫与美国总统卡特（右二）签订中美科技合作协定和文化协定

使中美关系迅速超过了仅仅是外交关系正常化的目标，从而形成了一种在维护世界和平和发展经济这两大方面展开友好合作的新格局。邓小平访美，为中国实行全面对外开放创造了条件，对中美两国科技合作和经贸关系的发展起了重要的推动作用。中国从此告别了过去的闭关锁国局面，开始走上“面向世界”“面向未来”的道路。

中国和美国正式建立外交关系

中美建交经过了三个阶段的准备。第一阶段是 1971~1972 年。美国总统特使 H.A. 基辛格和美国总统 R.M. 尼克松先后访华，中美双方签订了《中美联合公报》，实现了中美关系缓和，奠定了进一步发展关系的基础。第二阶段是 1973~1977 年。双方于 1973 年商定在双方首都互设联络处。中国政府提出了中美建交三原则：①美国必须断绝与台湾的“外交关系”；②废除 1954 年《美台共同防御条约》；③从台湾撤出所有美国军队并撤除其军事设施。美方不接受中方的三项原则，中美建交会谈没有取得突破性进展。第三阶段是 1978 年 7 月，美方终于同意接受中美建交三原则。1978 年 12 月 16 日，中美两国领导人分别在北京和华盛顿发表中美建交联合公报，宣布中美于 1979 年 1 月 1 日起建立正式外交关系。

在联合公报中，美国承认只有一个中国，台湾是中国的一部分。双方一致同意，都不在世界上任何地区谋求霸权。同日，中国政府发表声明，指出台湾问题完全是中国的内政；宣布应美国政府邀请，中国国务院副总理邓小平将于 1979 年 1 月 28 日访问美国。中美建交后，1979 年 4 月，美国从台湾撤走了全部军队；1980 年 1 月 1 日正式终止了《美台共同防御条约》，但其后美国仍然继续向台湾出售武器。

1980

1983年8月13日，广东蛇口工业区一瞥

第一个经济特区——深圳经济特区

1979年春天，邓小平这位不平凡的老人以一个不平凡的设想，使得中国南方一个再平凡不过的小渔村成为我国第一个经济特区，并在之后的40年中作为中国改革的试验区和先遣队，带动着中国改革的前进步伐。

崛起的蛇口工业区

1980年8月正式成立的深圳经济特区，东临大亚湾和大鹏湾，西濒珠江口和伶仃洋，南边深圳河与香港相连，北部与东莞、惠州西市接壤，总面积1997.47平方千米。毗邻香港，交通便利，气候温和，风景优美，在利用外资发展经济方面，具有得天独厚的条件。

深圳原来只是一个拥有二三万人的小渔村，但到1984年，人口已增长到

30万人，而到了2017年末，深圳有常住人口1252.83万人。2017年，深圳全市生产总值达2.24万亿元，增长8.8%；出口实现全国大中城市“二十五连冠”。

改革开放政策加之特殊的地缘环境，造就了深圳文化的开放性、包容性、创新性，成为新兴的移民城市，形成独特的移民文化。2002年，深圳已拥有55个少数民族，是继北京之后全国第二座汇聚齐56个民族的大城市。

至目前，我国共有7个经济特区，包括深圳、珠海、厦门、汕头、海南、喀什和霍尔果斯。

1984年1月16日，深圳经济特区建设新貌

第一个征婚启事

求婚

求婚人丁乃钧，男，未婚，四十岁，身高一米七。曾被错划为右派，已纠正。现在四川江津地区教师进修学院任数学教师，月薪四十三元五角。请应求者来函联系和附一张近影。

1981 年 1 月 8 日《市场报》刊登的丁乃钧征婚启事

20 世纪 80 年代初，人民日报社《市场报》率先刊登了征婚启事，并形成了征婚启事专栏。征婚启事成为《市场报》的一大特色而闻名于国内外，产生了强烈的反响。

1980 年 12 月下旬，人民日报社《市场报》编辑赵立昆接到四川江津地区教师进修学院（今重庆文理学院）数学教师丁乃钧寄来的一封信，说他被错划成右派，虽然平反了，但其政治影响一时难以消除，又因年龄大和工资低，在当地很难找到对象，所以只好请求《市场报》帮助他解决婚姻难的问题。

在当时的情况下，要登像丁乃钧这样人的征婚启事，谈何容易。在领导的支持之下，《市场报》在 1981 年 1 月 8 日发表了丁乃钧的征婚启事。这是共和国成立以来，第一家报刊首次登载征婚启事。

这则征婚启事的内容为："求婚人丁乃钧，男，未婚，四十岁，身高一米七。曾被错划为'右派'，已纠正。现在四川江津地区教师进修学校任数学教师，月薪四十三元五角。请应求者来函联系和附一张近影。"

启事还附了一张丁乃钧戴"墨镜"的半身照。

征婚启事登出之后，至少有 270 多位姑娘给丁乃钧写了信。其中有一位内蒙古姑娘，还千里迢迢地赶到四川，但不巧当时丁乃钧已回江苏老家探亲。在这些来信中，丁乃钧看中了一位家在吉林的姑娘。两人后来通过书信来往，产生了感情。1981 年底，两人在四川结婚。

1984年6月，中共中央书记处开会讨论大龄青年男女的婚姻问题，要求各级党政组织给予重视和关心。同时，新华社、《中国日报》（英文版）等国内外许多新闻单位，对《市场报》的征婚启事进行了大量的宣传报道，产生了较大的影响。

丁乃钧夫妇合影

随后，全国许多报刊便纷纷效法《市场报》登载征婚启事。《武汉青年报》开辟了“凤求凰”征婚专栏。接着，《家庭》杂志创办“爱之桥”。畅销东北的《妇女》杂志，设立“鹊桥”。1984年5月，《解放军报》开办了“绿色鹊桥”。专门面向残疾人读者的《三月风》也开办了“鹊桥相会终有期”，首开残疾人征婚之“先河”。

后来又出现了婚姻介绍所、电视征婚广告、电视台的婚恋交友节目、婚恋网站。1988年，山西电视台开办了直播电视专栏节目《电视红娘》，1990年北京电视台推出《今晚我们相识》，1998年湖南卫视推出现场交友节目《玫瑰之约》。

此后，各地电视台竞相模仿，如海南电视台的《男女当婚》、重庆电视台的《缘分天空》、湖北电视台的《今夜情缘》等节目，在全国掀起了“婚配热”的荧屏浪潮。2013年前后，江苏电视台的婚恋真人秀节目《非诚勿扰》、湖南卫视的《我们相爱吧》等节目深受观众们的喜爱。

婚恋网站有“世纪佳缘”“百合网”“珍爱网”“我主良缘”等，线上线下互动，搞得也是风生水起，受到网民的欢迎。

这一切都起源于《市场报》登载的第一个征婚启事。

1981 繁忙的天津新港码头

第一个集装箱码头
——天津新港集装箱码头交付使用

集装箱运输是一种先进的运输方式，它利用特制的箱体运送货物，周转快、货物损失少、运费低。这种运输方式于 20 世纪 60 年代出现以后，迅速发展，成为水路、陆路、空中运输的一种统一方式。

我国第一座集装箱码头，是 1974 年 6 月开始在天津新港兴建的。经过 7 年的建设，第一个泊位于 1981 年 12 月正式交付使用。泊位岸线长 397.5 米，可以停靠 1300 标箱集装箱船，配备了专业的集装箱装卸桥两台及其他专业配套机械，年吞吐能力 10 万标准集装箱（TEU）。至此，天津新港初步形成了集装箱装卸集疏运体系，开启了我国大陆集装箱运输的新纪元。到 1985 年底，天津新港新建的四港池 3 个集装箱泊位建成投产。

1978 年以后，我国发展了海运、铁路、内河、航空等集装箱运输业务，集装箱货运吞吐量逐年增加。2007 年，中国已初步形成环渤海、长江三角洲、东南沿海、珠江三角洲和西南沿海 5 个规模化、集约化、现代化的港口群体，进一步促成了中国港口集装箱运输的发展。2018 年，中国集装箱吞吐量达 2.51 亿标准集装箱（TEU）。

中国—西欧定期集装箱运输航线首航班轮“唐河”号于1983年8月13日由天津新港开航

集装箱年吞吐量世界第一的港口——上海港

上海港位于长江三角洲前缘，地处长江东西运输通道与海上南北运输通道的交汇点，是中国沿海的主要枢纽港，也是世界著名港口。2010年，上海港完成集装箱吞吐量2906.9万标准箱，超过新加坡港50万标准箱左右，首次成为世界第一大集装箱港。

截至2016年底，上海港已经与全球214个国家和地区的500多个港口建立了集装箱货物贸易往来，拥有国际航线80多条。2017年，上海港完成集装箱吞吐量4018万标准箱，自2010年以来连续保持世界第一。

2003年7月24日，拍摄的上海港张华浜集装箱码头

1982

1982 年 9 月 24 日，邓小平在北京人民大会堂会见英国首相撒切尔夫人，明确阐述中国政府对香港问题的基本立场

邓小平第一次提出“一国两制”

1997 年 6 月 30 日晚上至 7 月 1 日凌晨，中国人民和世界各地的华人就像“守岁”一样，共同经历了一个终生难忘的“回归夜”。中央电视台 72 小时的直播中，留下了许许多多记录历史的经典时刻。

1974 年 5 月，已 80 岁高龄的毛泽东在接见来访的英国首相希思时谈到有关台湾、香港、澳门等祖国统一问题时说：“这件事，我恐怕看不到了。”他指着在一旁的邓小平说：“这是他们的事了。”几年以后，邓小平说：“实现和平统一需要一定时间，我们上了年纪的人总希望早日实现。”

1977 年邓小平复出后，就开始酝酿解决祖国统一的问题。1981 年 9 月 30 日，叶剑英委员长发表了后称“叶九条”的谈话，允许台湾保持现制度不变，以实现祖国统一大业。1982 年 1 月 11 日，邓小平接见来华访问的美国华人协会主席李耀基时明确提出：“九条方针是以叶副主席的名义提出来的。实际上就是一个国家两种制度。两种制

度是可以允许的。”

1982年9月，英国首相玛格丽特·撒切尔夫人第一次来华访问。邓小平在会谈中把“一国两制”作为解决香港问题的原则确定下来。

1984年12月19日，中英两国政府首脑在北京正式签署了《中英两国政府关于香港问题的联合声明》。

此时，在处理国内外事务中以态度强硬而被称为“铁娘子”的英国首相撒切尔夫人称“一国两制”为“天才的创造，令人神往的构想”。

1984年12月19日，《中英两国政府关于香港问题的联合声明》在北京正式签署；标志着中国按照“一国两制”方针解决历史遗留问题、实现祖国统一大业，开始付诸实践

中央电视台第一届春节联欢晚会

每年的大年三十晚上，人们都会等着看中央电视台的春节联欢晚会节目，这就好像三十晚上吃饺子一样，尤其是在北方地区，这种习惯始于1983年。2014年被定位为国家项目。

1983年2月12日20时，第一届春节联欢晚会拉开帷幕。当时的春晚没有专门的主持人，马季、姜昆、王景愚、刘晓庆成了首届春晚的主持人。首届春晚的服装尽显浓重的时代气息，主持人之一的刘晓庆身着红色的连身裙，乌黑的披肩发，凸显出年轻、朝气，还有20世纪80年代特有的质朴笑脸。而男主持人大多身着中山装，还有卡其布的工装，偶尔也会见到西装，但不打领带。这台晚会虽然略显稚嫩，却是中国电视节目向着大众化跨出一大步的标志。

参加演出的有：歌唱演员李谷一、胡松华、蒋大为、郭兰英，电影演员严顺开、斯琴高娃，相声演员侯跃文、李文华，魔术师秦鸣晓、姚金芬夫妇等。

春节联欢晚会一直持续到晚上12时，共4个小时。

1983年的春节联欢晚会开创了一个新时代：第一次现场直播，第一次

香港影视明星斑斑、相声演员马季、电影演员张瑜、台湾影视明星朱婉宜（自右至左）应中央电视台邀请，在北京工人体育馆主持1985年春节联欢晚会

2016年央视春节联欢晚会北京主会场

观众参与点播互动，第一次设立晚会主持人……此后，春晚伴随着亿万中国家庭度过了一年又一年的除夕夜，也在改革开放、国富民强的进程中，见证了大众文化从贫乏一步步走向丰富多彩。

后来中央电视台中文国际频道、英语国际频道、西班牙语国际频道和法语国际频道也都同步直播。

2016年，春节联欢晚会开始设立分会场。当年设立了福建泉州、陕西西安、广东广州、内蒙古呼伦贝尔4个分会场，以实现“东西南北中、全民大联欢”的创作基调。

2017年，春晚以“大美中国梦，金鸡报春来”为主题，采用了上海、四川凉山、广西桂林、黑龙江哈尔滨4个分会场和央视主会场同步直播。

2018年，除央视主会场外，4个分会场分别是广东珠海、山东泰安、海南三亚、贵州省黔东南州黎平县肇兴侗寨。

2019年，晚会分会场的数量由4个缩减为3个，分别是：江西省吉安市井冈山市、广东省深圳市、吉林省长春市。

春节联欢晚会在演出规模、演员阵容、播出时长和海内外观众收视率上，一共创下中国世界纪录协会世界综艺晚会三项世界之最：①入选中国世界纪录协会世界收视率最高的综艺晚会；②世界上播出时间最长的综艺晚会；③世界上演员最多的综艺晚会。

1984

1984 年 7 月 28 日，中国体育代表团在第 23 届奥运会开幕式上

10 亿中国人汇聚五环旗下
——第一次全面进军奥运会

1984 年 7 月 28 日，中国体育代表团首次全面参加奥运会。篮球名将王立彬高擎五星红旗走在队伍的前面，由 300 多名运动员组成的方队迈着雄健的步伐，跨进第 23 届奥运会主赛场——美国洛杉矶纪念体育场。10 万观众掀起一阵阵山呼海啸般的狂涛，“中国！中国！”的欢呼声此起彼伏。中华人民共和国重返奥运赛场，10亿中国人汇聚到奥林匹克的五环旗下，这对中国、对奥运历史来说，都有着极为深刻的意义。

中华人民共和国成立前，中国共参加了 3 次奥运会。最后一次是 1948 年在英国伦敦举行的第 16 届奥运会，中国派出 26 名运动员。由于南京国民政府不肯出钱，赛前队员们只好去南洋“走穴”凑钱，马不停蹄地拼了 4 个月才挣到去伦敦参赛的费用。当他们惨败而归时，竟然没有回国的路费，靠借款和卖掉没吃光的大米，才勉强凑够了返程机票款。为了还债，运动员们又在归国途中去泰国“卖艺”比赛后，才返回故乡。

此次洛杉矶奥运会，许海峰在普拉多的一声枪响，实现了中国在奥运会上金牌零的突破，送走了中国体育一个屈辱的时代。本次奥运会，中国运动员共赢得15块金牌，居金牌总数第四位。世界上再没有人敢讥笑中国人是“东亚病夫”。世人看到的是：一个体育强国正矗立在东方。

中国奥运史上金牌零的突破——许海峰获射击冠军

1984年7月29日，许海峰在第23届洛杉矶奥运会男子自选手枪慢射比赛中

1984年7月29日，在美国洛杉矶奥林匹克运动会射击比赛场上，中国射击运动员许海峰夺得第23届奥运会第一块金牌，这也是中国第一块奥运会金牌。

许海峰，1957年8月1日出生于福建，从小就喜欢打弹弓，练到了弹无虚发的程度。他家庭贫苦，生活给予他过多的磨难。他最大的奢望就是有一支自己的枪。一位叫王振泽的老师听说了他恋枪的故事，就把他吸收到射击班。此时，许海峰已经22岁，右眼视力只有0.6，但他义无返顾地走上了这条令他魂牵梦萦的道路。

当国际奥委会主席萨马兰奇将第一块奥运会金牌挂在许海峰胸前时，多少中国人流下了激动的眼泪。有谁知道当时曾发生的一个小小的插曲：初次参赛的许海峰原本默默无闻，谁也没料到他会一举夺魁，以致主办国根本没有准备中国国旗，发奖升旗仪式因找不到五星红旗而推迟了45分钟。当《义勇军进行曲》第一次在奥运会会场奏响时，许多美国人相互询问：这是哪国的国歌？随着中华人民共和国国歌在奥运赛场的频频奏响，全世界都不得不正视，奥林匹克舞台上又出现了一个新的体育强国。

1995年，许海峰出任国家女子射击队主教练。在他的精心指导下，他的学生李对红在第26届奥运会上荣获女子运动手枪金牌。

2008年8月8日，许海峰是第29届夏季奥林匹克运动会开幕式上第一位火炬手。

1985

邓小平第一次表达中国政府裁军 100 万的战略决心

1985 年 6 月 4 日，中央军委主席邓小平在军委扩大会议上宣布中国人民解放军裁减 100 万员额

1984 年国庆阅兵一个月后，中央军委举行了一个座谈会，军委主席邓小平深谋远虑，严肃指出：这次阅兵有个缺陷，就是 80 岁的人来检阅部队，本身就是个缺陷……小平同志一语触及了对高级将领来说最敏感的军队高层领导老龄化问题。他由此讲到军队体制改革和进一步实行精简整编的必要性。就在这次会议上，邓小平做出了“世界大战十几年内打不起来”的论断。

经过反复酝酿，一个引起国际舆论轰动的重大战略决策在 1985 年 6 月召开的中央军委扩大会议上讨论通过。6 月 4 日，邓小平在会上代表中国政府向世界郑重宣布：中国人民解放军将减少员额 100 万。

消息传出，整个世界为之一震。邓小平在宣布裁军百万的同时，充满信心地说：“减少 100 万，实际并没有削弱军队的战斗力，而是增强了军队的战斗力。”

1987 年初，中国裁军百万的任务顺利完成。中国人民解放军朝着机构精干、指挥灵便、装备精良、训练有素、反应快速、效率很高、战斗力很强的目标又前进了一大步。可以说，没有百万大裁军，中国人民解放军就不会有今天的现代化成就。

1987 年，中国人民解放军的总员额由 423.8 万减少到 323.5 万；1990 年，更是减到 319.9 万。共裁减员额 103.9

万；大军区由 11 个撤并为 7 个；全军共有 110 个飞机场、29 座军用港口向社会开放；部分军事设施改为民用。

1997 年 9 月 12 日，江泽民在中共十五大报告中庄严宣布：在 80 年代裁军 100 万的基础上，中国将在今后 3 年内再裁减军队员额 50 万。到 1999 年底，裁军 50 万的任务已完成。

2003 年提出的到 2005 年底前再裁军 20 万的任务也如期完成。

2015 年 9 月 3 日，习近平在纪念中国人民抗日战争暨世界反法西斯战争胜利 70 周年大会上的重要讲话中宣布：中国将裁减军队员额 30 万。裁军将分步实施，于 2017 年底基本完成。

2017 年 4 月 27 日，中央军委宣布大调整，把 18 个集团军改为 13 个集团军，并采用新番号。中国人民解放军军区改为战区，分为 5 个战区——中国人民解放军东部战区、中国人民解放军南部战区、中国人民解放军西部战区、中国人民解放军北部战区、中国人民解放军中部战区，由中央军委建制领导。

空军新型战机在演习中对目标实施打击

共和国历史上的 11 次裁军

第一次：1950 年，解放军总兵力从 550 万整编为 400 万，抗美援朝开始后又增加到 627 万人。

第二次：1951 年 11 月明确规定，到 1954 年兵力控制在 300 万人。

第三次：1953 年 12 月，决定军队简编为 350 万人。

第四次：1957 年 1 月，要求 3 年内军队压缩到 250 万人。

第五次：1975 年 7 月，决定 3 年内减员 60 万人。

第六次：1980 年 3 月，决定部队实行简编，将一部分移交地方，并转发《关于军队精简整编的方案》。

第七次：1982 年 9 月，中央军委决定进一步简编。

第八次：1985 年 6 月，决定裁军 100 万人，到 1987 年结束。

第九次：1997 年 9 月，决定裁军 50 万人。

第十次：2005 年，决定再裁军 20 万人。中国军队兵力保持 230 万人。

第十一次：2015 年，习近平主席宣布裁军 30 万。

中国高技术发展的第一面旗帜
——“863 计划”

中国上海贝岭微电子制造有限公司的技术人员在测试承载 1.2 微米集成电路的芯片质量

1986 年 3 月，4 位科学家王大珩、王淦昌、杨家墀和陈芳允联名向中共中央提出了“关于跟踪世界战略性高技术发展”的建议，邓小平同志为此特别指示：“此事宜速作决断，不可拖延。”这个建议被提交中央政治局讨论。由于这个计划的提出和邓小平的批示都是在 1986 年 3 月，所以这个计划被命名为“863 计划”。“863 计划”是中国发展高技术及其产业的计划，全称为《国家高技术研究发展计划》。

1987 年 2 月，这项计划开始组织实施。国家组织了 200 多位专家，选定了 7 个领域（生物、信息、自动化、新材料、新能源、航天、激光）、15 个主题作为中国高科技发展的重点计划。这是第一个由科学家倡议、政治家决策、中央政治局讨论决定的科技计划，是中国科技发展史上划时代的大事。在汇报“863 计划”实施 10 周年成果时，中央军委副主席张震同志曾说过：“如果不是小平同志及时决断，我们将愧对子孙。”

“863 计划”坚持“有所为、有所不为”和“军民结合、寓军于民”的方针，选择信息、生物与现代农业、新材料、先进制造与自动化、能源、资源环境等若干技术领域作为中国高技术研究发展的重点。

计划的总体目标是：在选定的研究领域，显著增强中国高技术创新能力，提高重点产业国际竞争力；培育一批高

中国科学院上海市硅酸盐研究所发明了新型压电晶体材料四硼酸锂（LBO）

技术产业生长点，带动中国产业结构的优化升级；造就一批从事高技术研究开发及产业化的创新和创业人才，为20世纪末特别是21世纪初中国经济和社会向更高水平发展以及国防安全创造条件。

经过30多年努力，“863计划”取得一大批自主知识产权的高技术成果，突破并掌握一批重大关键技术和产业核心技术，缩小了同世界先进水平的差距；局部技术领域已形成优势，开始在世界高技术领域占有一席之地；培育一批高技术产业生长点，极大地带动了中国高技术及其产业的发展，使中国在生物工程医药、通信设备、高性能计算机、人工晶体、光电子材料与器件等领域有了自主知识产权的产品，开始形成能与发达国家竞争的实力。突出成果有人类和水稻功能基因组研究、生物芯片、超级杂交稻、智能机器人、电动汽车、浅海地区高精度油气勘探技术及装备、水污染控制与治理工程技术、10MW高温气冷核反应堆等。例如曙光计算机系统，1995年研制出“曙光”1000，整体技术达20世纪90年代前期的国际先进水平，运行速度达每秒25亿次，获国家科学技术进步奖一等奖。1998、2001年分别研制出“曙光”2000、“曙光”3000。2004年研制出“曙光”4000，为中国首台每秒运算超过10万亿次的超级计算机，运算能力位列当时全球前十，使中国成为继美国、日本之后第三个能研制此类高性能计算机的国家。2008年又研制出“曙光”5000，为运算能力超百万亿次的超级计算机。

“863计划”的组织实施，对于中华人民共和国科学技术发展、科技体制改革乃至人们思想观念的转变都产生了深远的影响。有些国外战略研究机构把对中国“863计划”及其未来走向的研究，作为预测未来世界技术发展的一部分。

1986

上海信托投资公司静安分公司证券工农业部外景

第一个股票交易市场
——上海静安证券工农业部

美国纽约证券交易所挂着一张特别的照片，它被称为“当代最大的证券交易所主席和最小的证券交易所经理的合影”。其中“最小的证券交易所”指的就是当时中国工商银行上海信托投资公司静安证券工农业部，它就是我国第一个股票交易市场。

1984 年 11 月，经中国人民银行上海分行批准，中国工商银行上海信托投资公司向社会代理发行飞乐音响股份有限公司的股票，上海和全国的股票市场就此出现了。

1986 年 9 月 26 日，中国人民银行上海分行正式批准静安证券工农业部作为改革开放后的第一个证券柜台交易点，开始办理“飞乐音响”和“延中实业”两种股票的买卖交易业务。静安证券工农业部成了自中华人民共和国成立以来的第一个进行正式股票交易的机构。

1987 年 1 月，中国人民银行上海分行制定了《证券柜台交易管理办法》，交易形式从代购、代销扩展为直接买卖。1988 年，上海股票交易市场发出了以 1987 年 11 月 2 日为计算基准日，由当时上市的 7 种股票平均成交价编制而成的上海静安股票指数。

上海静安证券工农业部作为中国证券史上的一个里程碑，拉开了中国证券流通的序幕，为证券交易所奠定了基础。从此，中国的证券市场开始逐步走向规模化、规范化、法制化的管理道路，迅速发展起来。

第一张股票——“小飞乐”股票

1986年9月的一天，在上海武夷路174号门口人们排起了长队，飞乐音响股份有限公司（小飞乐）的股票就在此发行。改革开放的中国，从此撩开了资本市场神秘的面纱。

“小飞乐”的成立和股票上市，使上海有了第一家股份制企业，标志着国企改革进入以产权改革为重心的阶段：以股份的形式来界定企业的产权；在组织体制上，引进董事会、监事会、经营者的新概念，强调股东大会是股份制企业和政府“断奶”企业的最高决策机构及股东利益的执行机构，使企业通过深化改革转变机制，建立现代企业制度，成为独立投身市场经济的“弄潮儿”。

30多年来，股票市场历经风雨，从无到有，由小到大。30多个春夏秋冬，“小飞乐”也在飞速发展。其间飞乐音响股份有限公司规模不断扩大，从成立之初的50万股，扩大至2008年3月的5.59亿股。2019年5月8日飞乐股份收盘价为4.13元。在当今浩浩荡荡的中国“股海”中，“小飞乐”只是不起眼的一叶扁舟，然而，作为中国第一股，它将永远记载在中国金融、经济发展的史册上。

市民热情购买飞乐音响股份有限公司（小飞乐）的股票

第一封发往国外的电子邮件

“跨越长城，我们可以到达世界的任何角落。”这是1987年9月20日从北京向国外发出的中国第一封电子邮件。这也预示着，互联网时代悄然叩响了中国的大门。

1987年9月，在德国卡尔斯鲁厄大学维纳·措恩教授带领的科研小组的帮助下，王运丰教授和李澄炯博士等在北京计算机应用技术研究所（ICA）建成一个电子邮件节点。9月20日，措恩教授与王运丰联名向德国成功发出了一封电子邮件。这是中国互联网和国际网络的首次成功对话。

此后几天里，研究所不断收到来自法国、美国等国家的回复邮件，其中既有海外华人华侨、留学生发来的贺信，也有外国朋友有益的建议和互联意愿。一时间，这里成为当时中国进入国际科技网的唯一入口。北京大学、浙江大学及中科院等20多家高等院校和研究机构，都曾由此登录国际科技网，享用网上资源并交流信息。

30年弹指一挥间，接发电子邮件早已成为老百姓最普遍的通信手段之一。互联网已经成为诸多中国人学习、工作、生活中必不可少的工具。

张建敏是一家外国公司在上海的总代表，他的个人电脑可以接入互联网。1996年6月18日，下班后，像往常一样，他坐在家里，与外国公司保持快捷、方便的联络

1997年8月9日，两位电脑爱好者在福州电信商城开设的电脑咖啡屋畅游国际互联网，共度周末

中国计算机第一次联入国际计算机网络

1998年的某一天，中央电视台《新闻联播》节目播出了一条新闻，大意是：由于中国进入国际互联网的人数不断增加，已经形成一个特殊的网络群体，所以规范地把这个群体称为“网民”，而不再叫作“网虫”“网人”“网迷”……

“网络”不仅仅是某一个专业领域的术语，它更像一种全新的生活方式，改变着许许多多我们已经熟悉了的生活习惯，甚至是观念。

“网事如风”这个俏皮的词语，恰如其分地传达出中国信息高速公路发展的迅猛之势。

1987年10月，中国国家机械委员会计算机研究所的一台7760中型计算机系统首次成功联入国际计算机网络，开辟了中国计算机应用的一个新领域。同年，中科院高能物理所通过低速的X.25专线实现了中国首次国际远程联网，并于1988年实现了与欧洲及北美地区的E-mail 通信。而中国第一条与国际互联网联接的专线是1991年6月由中科院高能所建成的，1994年5月，这条线路完成了与国际互联网的全功能联接。

1994年9月，中国邮电部门开始进入国际互联网，建立北京、上海两个邮电部门自己的出口；1995年6月20日，北京电报局的国际互联网投入运营。邮电部门的介入使中国的国际互联网进入高速发展的时期。

1999年1月22日，由中国电信和国家经贸委信息中心联合40多家部、委、办、局发起的“政府上网工程”开始启动，这项工程的目的就在于提高政府的服务质量，是转变政府职能的重要尝试。40多家部委机构的“政府上网工程”、全国上百家新闻媒体的网上合作……使得网络全面进入了人们的生活。这回真的应了那句网络服务的广告语：“国事、家事、天下事，都成为‘网上事’”。

截至2017年底，中国网民规模达7.72亿人，普及率为55.8%。

第一次拍卖土地
——深圳的土地拍卖“第一槌”

1949 年中华人民共和国成立以后，土地一般是由国家统一分配，无偿使用。改革开放以后，情况悄然发生了变化。这种变化首先在深圳出现。

1981 年 11 月，敢为天下先的深圳特区首先开始对部分土地使用征收费用。1987 年 7 月 1 日，深圳市政府又提出以土地所有权与使用权分离为指导思想的改革方案，确定可以将土地使用权作为商品转让、租赁、买卖。9 月 8 日，深圳市以协商议标形式出让有偿使用的第一块国有土地；9 月 11 日以招标形式出让第二块国有土地使用权；12 月 1 日又以拍卖形式出让第三块国有土地使用权，这是中华人民共和国成立后的首次土地拍卖活动，引起了国内外人士的重视。

1987 年 12 月 1 日，深圳敲响中国土地拍卖第一锤

1987 年 12 月 1 日下午 4 时许，能容纳 1000 多人的深圳会堂座无虚席，连过道上都站满了人。中华人民共和国成立以来的第一次国有土地使用权拍卖会，就要在这里举行。

第一次土地拍卖的举槌人，由时任深圳市规划国土资源局局长刘佳胜担任。

下午 4 时 30 分，拍卖会正式开始。

刘佳胜宣布：“本地块面积 8588 平方米，拍卖底价 200 万元人民币，现在，拍卖开始！”话音未落，会场上纷纷亮起了竞价牌。

经过数轮竞价之后，报价定格在了 525 万元。刘佳胜喊道：“525 万第一次，525 万第二次，525 万第三次！成交！”刘佳胜一槌落下，宣告：“这块土地的使用权归经济特区房地产公司！”

整个拍卖活动持续了 17 分钟。这是

后来使深圳得以用更快速度改变城市面貌的 17 分钟，也是改变历史的 17 分钟。

敢闯敢试的深圳人迈出了中国城市土地管理制度改革的关键一步。

深圳的土地拍卖“第一槌”奠定了中国城市土地管理制度改革的基石。

深圳的土地拍卖“第一槌”促进了宪法修改。

1982 年《中华人民共和国宪法》第十条第四款明文规定：“任何组织或者个人不得侵占、买卖、出租或者以其他形式非法转让土地。”

1988 年 4 月 12 日，第七届全国人民代表大会第一次会议通过的《中华人民共和国宪法修正案》把 1982 年宪法第十条第四款修改为：“任何组织或者个人不得侵占、买卖或者以其他形式非法转让土地。土地的使用权可以依照法律的规定转让。”

几个月后，1988 年 7 月 9 日，上海市第一次对国有土地所有权进行批租，以国际招标方式出让虹桥开发区内 26 号地块共 1.29 万平方米土地 50 年的使用权，日本孙臣氏企业有限公司一举中标，支付了 2805 万美元（当时相当于 1.0416 亿元人民币）。有偿使用土地从此逐渐成为中国人的常识。

1998 年 10 月 29 日的上海虹桥开发区，中国第一块批租土地使用权的地块就在该区内

1988

1988 年 3 月 10 日 8 时 56 分，中国大陆首例试管婴儿郑萌珠在北京诞生。怀抱婴儿者为张丽珠医生

大陆第一例试管婴儿诞生

1978 年 7 月 25 日，在英国，一个名叫路易斯·布朗的婴儿诞生了。她与其他金发碧眼的小女孩没有什么区别，但是全世界的新闻媒体都把镜头对准了她，因为她有一个特殊的称谓："试管婴儿"。试管婴儿的诞生，在 40 年前曾经引起全世界的轰动，西方媒体用这样的标题报道了这一医学成就："人类可以是自己的上帝"。

大约 10 年后，中国大陆第一例试管婴儿诞生了。1988 年 3 月 10 日，在北京医科大学第三附属医院诞生了一个看不出与其他孩子有什么不同的女婴，她的名字叫郑萌珠。郑萌珠的母亲是甘肃省礼县一个普通的农村民办教师，结婚 20 年始终没有怀孕生育。经医生检查，发现她有排卵能力，只是双侧输卵管堵塞。1987 年，她怀着一线希望，千里迢迢来到北京。当时，张丽珠教授和刘斌教授正负责此项研究，张教授为她进行了一系列检查，开始了中国大陆第一例"试管婴儿"的试验工作。10 个月后，这位母亲如愿以偿地生产了，一个体重 3.9 千克、身长 52 厘米的小女孩来到人世间，她就是郑萌珠。

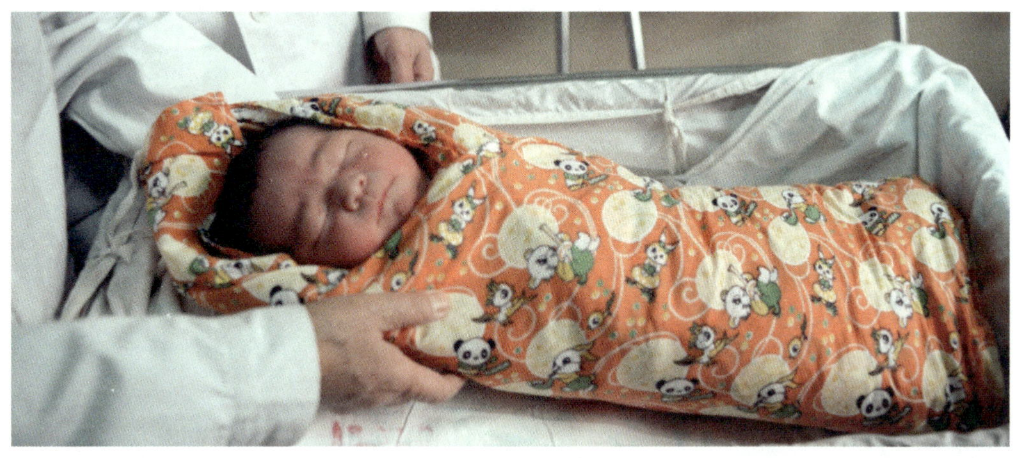

中国大陆首例试管女婴郑萌珠体重 3.9 千克、身长 52 厘米

2008 年 2 月 25 日，在北京举行的“首例试管婴儿诞生二十周年庆祝活动”上，郑萌珠怀抱一名 4 个月大的试管婴儿合影

2009 年，郑萌珠考入西安西京学院。大学毕业后，郑萌珠到她的出生地北京大学第三医院工作。

2019 年 4 月 15 日，中国大陆首例试管婴儿郑萌珠顺利产下一名男婴。这个孩子体重 3.85 千克，身长 52 厘米。郑萌珠的孩子成为中国大陆首个由试管婴儿分娩的“试管婴儿二代宝宝”，在中国辅助生殖技术史上具有里程碑意义。

1998 ~ 2004 年，中国大陆已经有 1 万例“试管婴儿”，先后在北京、长沙、广州、上海、济南、杭州、沈阳等地出生。

2009 年，中国每个省都建立了生殖中心，有试管婴儿技术资质的机构有 138 家。因此，保守估计，中国的试管婴儿也已接近 10 万。

2018 年，北医三院生殖医学中心门诊量近 60 万人次，移植周期逾 2.1 万个，是目前中国收治生殖内分泌与不孕症患者规模最大的中心之一。其系列研究成果作为改变民生的临床技术唯一代表，入选“伟大的变革——庆祝改革开放 40 周年大型展览”。

1988

1989 年 12 月 8 日，北京正负电子对撞机同步辐射装置正式通过国家鉴定

第一台正负电子对撞机
——北京正负电子对撞机对撞成功

通常的粒子加速器不论用什么方法加速，最终都是用高能粒子去轰击静止的目标，这样只有很少一部分能量被用来促使粒子发生反应。随着研究的深入，需要设法使高能粒子的能量更多地被用来发生反应，正负电子对撞机就是为了这个目的而建造的。正负电子对撞机是高能粒子加速器的一种，是利用正负电子对撞产生大量供高能物理研究的大型粒子加速器，也是研究核物理、高能物理，认识微观世界的一个重要手段。

中国的对撞机工程是邓小平同志亲自决定、1981 年正式上马的。研制正负电子对撞机涉及科技的许多领域，比如高频、微波、高真空、精密加工、磁铁、控制、计算机系统等，这对当时的国力和科技水平是一个考验。在项目进行的过程中，参与研制的科学家张文裕、朱鸿之相继故去。对于参与工程的科学家们的艰苦卓绝的努力，担任对撞机工程

经理的物理学家谢家麟现在回忆起来，仍感慨颇多。

1988年10月16日，北京正负电子对撞机（BEPC）首次对撞成功。这是中国研制成功的第一台正负电子对撞机。10月24日，邓小平同志亲自来到中科院高能物理研究所参加了科技史上的这一盛大庆典。北京正负电子对撞机的对撞成功，是继“两弹一星”之后中国科技史上的一次重大突破，标志着中国的粒子物理研究又迈上了一个新的台阶，使中国在世界高科技领域占有了一席之地。

北京正负电子对撞机和北京谱仪(BES)的建成带动了中国一些相关的高技术领域（如高频、高真空、精密磁铁、大型探测器、快电子学、计算机网络技术）的发展。20世纪90年代中期，北京正负电子对撞机进行了第一次升级改造，使北京正负电子对撞机的亮度及北京谱仪的性能得到提高和改善。2004~2008年，国家投入6亿多元人民币，实施了北京正负电子对撞机重大改造工程。改造后的对撞机性能大幅提升。

除了进行高能物理研究外，北京正负电子对撞机还提供了同步辐射应用研究的机会。在其储存环上引出了多条同步辐射光束线，以兼容或专用方式提供束流，多年来在同步辐射的应用研究上（如材料科学、生物、凝聚态物理、微电子学等）获得了许多重要成果。

2014年，科学家们又在北京正负电子对撞机的北京谱仪Ⅲ实验中，观测到一个新的粒子（共振结构）Zc(4025)。

北京正负电子对撞机工程的正电子源

第一座长江干流大型水利枢纽
——葛洲坝水利枢纽竣工

1979 年 1 月 4 日，长江葛洲坝水利枢纽工程建设工地

葛洲坝水利枢纽工程是在长江干流上修建的第一座工程。它的作用是调节三峡工程建成后下泄的不恒定水流，抬高水位，减缓比降，扩大过水断面，以利航运，并利用这段河道落差发电。葛洲坝坝址位于长江三峡西陵峡的出口南津关以下 3 千米处，地属宜昌市。工程由拦河坝、发电站、船闸、泄水、冲砂闸等组成，全部工程和设备都是我国自己设计、制造、安装的。

葛洲坝挡水建筑物为闸坝型，最大坝高 53.8 米，可形成一个容水 15.8 亿立方米的水库。枢纽主要的泄水建筑物正对主流，两侧为大江、三江两航道，上游各设有防淤堤，大江下游设有导航墙，两航道与主流分开。航道与泄水建筑物之间分别为大江电厂和二江电厂，内共装有 21 台发电机，总容量 271 万千瓦，每年平均发电量 138 亿度。三座船闸中的两座可以通过万吨客轮和船队，三峡工程亦可改善宜昌以上航道逾 100 千米。

1970 年 12 月枢纽工程开工兴建。1981 年 1 月大江截流成功，6 月三江

1980 年 11 月 10 日，国家建委副主任谢北一（右）和国务院机械委员会副主任沈鸿（中）等在仔细检查安装质量

船闸通航。1983年全部机组投产，工程于1988年全部竣工。工程完成后，不仅可改善川江峡谷的航道，亦可为鄂西、豫西、湘西、川东等地的工农业生产提供电力。

1980 年 12 月 25 日，葛洲坝水利枢纽工程即将进行截流合龙施工，侧抛船正向江心抛投石料铁笼，为大江截流做准备

建成后的葛洲坝水利枢纽工程示意图

1989

第一座低温核供热试验反应堆
——5 兆瓦壳式低温核供热反应堆临界启动成功

5 兆瓦壳式低温核供热试验反应堆的核心装置——反应堆堆芯

传统的供热，绝大部分是依靠燃烧煤、汽油、柴油等常用能源，而这些能源，燃烧时大都会产生较大的环境污染，尤其是煤和含铅量很高的石油制品。随着当今世界对能源利用提出的节制、环保等新观念，科学、安全地开发核能，已经展示出越来越广阔的前景。

自 20 世纪 50 年代建成了第一个原子能反应堆以来，中国一直致力于对核能的和平利用。国外 70 年代开始研究利用核能供热，但由于核能供热站对安全可靠性的要求要高于核电站，直到 80 年代中期，世界在核能供热方面还处于初级阶段。

20 世纪 70 年代，清华大学核研院的工程技术人员就已开始对高温气冷堆进行探索。1980 年初德国科学家提出了新的模块式高温气冷堆的概念，模块式高温气冷堆具有安全性好、效率高、多用途的特点。

1986 年，清华大学核能研究所开始设计建造中国第一座 5 兆瓦壳式低温核供热试验反应堆，这也是世界上最早的核供热装置。低温核供热反应堆也就是一台不烧煤炭不烧天然气的“原子锅炉”。

1989 年 11 月 11 日，低温核供热反

工程技术人员正在将四台一回路换热器按顺序装入压力壳内。这种装置可将反应堆产生的热量输给用户，同时还具有把放射性的水与输到用户的无放射性水隔开的功能

工程技术人员正在测试装在堆芯下用于测量堆内载热剂流量的涡轮流量计

应堆主体工程建成，并且临界启动成功。1990 年 3 月 22 日，工程全部建成。这座世界上第一个一体化自然循环壳式低温核供热反应堆有 26 个子系统，建筑面积达 1200 平方米。用它对 5 万平方米的建筑物进行了 100 天供热试验运行，状况良好。

1991 年，在这个反应堆上还成功地进行了热电联供实验；1992 年，又成功地进行了核能空调制冷实验。该堆是世界上第一座投入运行的一体化自然循环壳式低温核供热反应堆，又是世界上第一座采用新型水力驱动控制棒的反应堆。它的运行成功，使我国在低温核供热领域跨入世界先进行列。

2007 年初，清华大学研制的 10 兆瓦高温气冷试验反应堆获得了国家科技进步奖一等奖。

2017 年 11 月 28 日，中核集团发布了中国自主研发的 400 兆瓦低温核供热反应堆，这是目前世界在研最大的核供热反应堆，供热面积可达 2000 万平方米，相当于同时为 20 万户三居室供热。相比燃煤供热，每年可减少烟尘排放 3200 吨，减少灰渣 10 万吨。

1990

1990 年 9 月 22 日，第 11 届亚运会开幕式上的大型团体操表演《相聚在北京》

第一次举办洲际综合性运动会——第 11 届亚洲运动会

举办综合性大型体育运动会，既是综合国力的象征，又是国际地位和国家荣誉的象征。因此，许多国家的主要城市政府，不断地申请举办奥林匹克运动会和洲

北京的国家奥林匹克体育中心，第 11 届亚运会多项比赛曾在这里举行

际运动会。申办的过程也是一个激烈竞争的过程，在1983年的申办竞争中，中国赢得了一个不小的胜利：经亚奥理事会成员投票表决，中国北京以绝对优势赢得了第11届亚运会的举办权。当时主要的竞争对手是日本广岛。

1990年9月22日，第11届亚运会在北京举行，这是在中国举行的第一次洲际综合性运动会。

北京亚运会是一次大型的亚洲体育盛会。赛前，中国举办了为期1个月，分4路跑遍全中国的“亚运之光”火炬接力赛跑。1990年9月22日，采自世界之巅青藏高原上的念青唐古拉山峰的亚运圣火在北京工人体育场点燃，从而拉开了亚洲史上空前规模的体坛盛会的帷幕。开幕式上，有2万多人表演了大型团体操《相聚在北京》，表达了亚洲人民的心声。

1990年9月22日，在北京举行的第11届亚运会开幕式上，主火炬熊熊燃烧

1990年9月，中国运动员林来久、陈剑虹、沈坚强、谢军获得第11届亚运会男子4×100米混合泳接力冠军。这是此次亚运会上中国军团收获的第100枚金牌，也是中国队在亚运会上金牌总数首次过百

第11届亚洲运动会，共有37个国家和地区的6578名运动员参加了27个大项308个小项的比赛。共打破3项世界纪录，52人打破42项亚洲纪录，109人打破98项亚运会纪录。中国运动员在本次盛会上共夺得183枚金牌、107枚银牌、51枚铜牌，位居金牌和奖牌榜榜首。这是中国连续三届在亚运会上称雄。

10月7日晚，北京亚运会会旗在《亚洲雄风》的歌声中徐徐而落。在礼炮声中，北京工人体育场上空熊熊燃烧了16天的第11届亚运会的圣火渐渐熄灭。

1990

考察队队员在横穿南极大陆途中，左起第三人为秦大河

第一个徒步横穿南极大陆的中国人——秦大河

南极洲是最后一块被发现的大陆。至今，人类还在不断地探索考察这块神秘的大陆。第二次世界大战以后，对南极洲内陆腹地的科学考察成为各国在南极地区活动的主流。在这方面，中国人是蹒跚来迟者。尽管如此，中国人却是不鸣则已，一鸣惊人。代表人物就是第一个徒步横穿南极大陆的中国人——冰川冻土科学家秦大河。

国际横穿南极科学探险考察队于1989年7月28日从南极圈半岛顶端的海豹宫出发，经220天的艰苦奋斗，行程5986千米，中间经过南极点和“不可接近地区”，于1990年3月3日顺利抵达本次考察终点——苏联和平站。完成了人类有史以来第一次国际合作，徒步横穿南极的壮举。

这次国际合作探险考察活动是由美国职业探险家维尔斯蒂克和法国医生约翰·路易斯·埃蒂安两人联合组织的。共有6名队员，分别来自美国、法国、

中国科学院兰州冰川冻土研究所副研究员秦大河

国际横穿南极科学探险考察队6名队员到达美国阿蒙森·斯科特考察站时，受到站上科学家的热烈欢迎。这个考察站设在南极点上。秦大河是考察队中最先到达南极点的队员

1990年5月国际横穿南极科学探险考察队队员参观访问中国队员秦大河（左四）所在单位——甘肃兰州冰川冻土研究所。该所正在研究分析秦大河从南极采来的样品

苏联、英国、日本和中国。中国科学院兰州冰川冻土研究所副研究员秦大河，代表中国参加了这次探险考察活动。

秦大河是6名队员中唯一不会滑雪的人。开始，他只好跟在其他队员后面，拼命追赶。后来，他不得不学习滑雪。经过勤学苦练，最后他和其他队员一样成了“全天候”滑雪员。秦大河除了探险外，还担负着科学考察工作。每获一个数据和资料，秦大河都要付出巨大的代价。

探险考察队队员们有乐同享，有苦同当，友好相处，密切配合。220天里，他们历经千辛万苦，克服重重困难，几经生死考验，一往无前，走过了地球上最难走的路程。1990年3月3日20时10分，探险考察队队员胜利到达这次探险考察的终点——苏联和平站。“1990年国际横穿南极科学探险考察活动”圆满结束。

中国国家南极考察委员会给秦大河记一等功，以表彰他对南极考察事业做出的卓越贡献。

1991

浙江秦山核电站负责安装工作的工程技术人员和工人在核反应堆压力容器壳内，准备堆内构件的吊装

第一座自主设计建造的核电站——秦山核电站

中国要建核电站，是周恩来总理的遗愿。早在 1970 年 2 月 8 日周总理就指出：“二机部（中国核工业总公司的前身）不能只是‘爆炸部’，要和平利用核能，搞核电站。”1974 年 3 月 31 日，周总理主持中央专委会研究核电站的建立问题，并通过了建设方案。

从此，中国的核工业发生了巨变：从“铸剑”转为“铸犁”，从原子弹转到核电站，从核能军事利用变为和平利用，进行了一系列技术研究和研制开发工作，为建设核电站做准备。国务院于 1981 年 11 月 4 日正式批准核电站工程上马，并列入国家重点项目。

坐落在浙江海盐杭州湾畔的秦山核电站，是中国自主设计、自主建造的第一座核电站。秦山核电站在建设过程中，受到中共中央、国务院的高度重视。全国有 100 多个科研单位和大专院校参与研究、试验；有 600 多家工厂为工程建设提供设备、材料；有 7 个设计院和 11 个施工单位承担了工程设计和施工任务。1991 年 12 月 15 日，秦山核电站终于并网发电成功，每年向华东电网输送 17 亿度电。

秦山核电站的建成，结束了中国大

工程技术人员与工人在进行核反应堆压力容器堆内构件总吊装时的情形

陆无核电的历史。核电技术是综合性的尖端技术，核电工程设计复杂，要求高度安全。整个电站由200多个系统组成，内有设备2.4万台件，仪表和控制屏台1.76万台套，阀门1.17万个，由管线连接组成系统，涉及反应堆物理、热工、水力、机械、电力、电子、辐射屏蔽、放射剂量、应用数学等几十个专业学科的应用。核电站设计、建造、运行过程中，完成了约400项科研项目。经国际原子能机构及国家核安全局专家的审评，秦山核电站的安全性达到世界先进水平。

第一支参加联合国维持和平行动的部队
——军事工程大队

1992 年 4 月 24 日，参加联合国维持和平行动的中国军事工程大队抵达柬埔寨磅逊港

在联合国事务中，参加国际维持和平行动，保障世界和平与安全，是作为联合国重要成员国的中国应尽的义务，也是中国人民解放军的一项重要任务。

应联合国秘书长请求，中国自 1990 年开始，每年向联合国派遣军事观察员执行维和任务。1992 年 4 月至 1993 年 9 月，中国先后派遣军事工程大队两批 800 名官兵，参加柬埔寨过渡时期联合国权力机构的维持和平行动。这是中国政府派遣的第一支参加联合国维持和平行动的部队。

军事工程大队入柬后，在联合国维

持和平部队司令桑德森中将指挥下，完成了一项项艰巨任务：先后抢修打通柬埔寨第四、第五、第六、第七号公路，高质量地修复了波成东国际机场、上丁机场等。在完成这些任务过程中，军事工程大队经受住了异常恶劣的自然环境的考验，战胜了致命的传染病的威胁，以及众多土匪武装的袭扰，为柬埔寨恢复和平与重建做出了突出贡献，在国际舞台上展示了中国人民解放军威武之师、和平之师的良好形象。

截至2018年底，中国共派出维和人员3.9万人次，参与维和任务区道路修建工程1.3万余千米，运输总里程1300万千米，接诊病人17万余人次，完成武装护卫巡逻等任务300余次。

我国再次派往柬埔寨参加联合国维持和平行动的军事工程大队官兵，于1993年2月11日乘专机离开北京飞往金边。该大队将与1992年4月赴柬的部队进行轮换。图为军事工程大队官兵离国前举行隆重的阅兵式

1993年2月11日，第二批赴柬军事工程大队官兵登机离京

第一次正式确立社会主义市场经济概念

1992年10月21日，在改革开放大潮中崛起的广州万宝电器集团公司领导层从总结经验入手，结合实际，组织员工学习党的十四大文件，决心在社会主义市场经济竞争中更上一层楼

1992年10月12日，江泽民在中共十四大的报告中，第一次郑重宣告：我国经济体制改革的目标是建立社会主义市场经济体制。

社会主义市场经济这一概念，并不是一下子冒出来的，它是长期社会实践的产物。从中华人民共和国成立到1978年以前，我国的经济体制一直是高度集中的计划经济体制。在中华人民共和国成立初期，这种体制曾经起过积极作用，但从20世纪50年代后期开始，其弊端就越来越显露出来。它使中国的经济几乎陷于停滞状态。计划经济的模式，使社会主义失去了应有的生机和活力。中共十一届三中全会以后，中国的一些领导人开始探讨建立社会主义市场经济的问题。1982年9月，中共十二大明确提出了“以计划经济为主，市场调节为辅的原则”。相对以往的计划经济而言，这是一个进步。但这种思想还是有明显的局限和不足。

随着实践的发展，关于市场经济的理论也在不断深化和发展。中共十三大召开前夕，邓小平在1987年2月6日同几位中央负责同志谈话时明确指示不要再讲“以计划经济为主”，只要对发展生产力有好处，就可以利用。后来，在中共中央提出制定国民经济和社会发展十年规划和“八五”计划建议的同时，邓小平又指出：我们必须从理论上搞懂，资本主义与社会主义的区分不在于是计划还是市场这样的问题。社会主义也有市场经济，资本主义也有计划控制。这一论点在1992年邓小平视察南方的重要

社会主义市场经济大潮的涌起，唤起了新疆哈萨克人的市场意识。图为富蕴县牧场的合作社，哈萨克牧民将出售的活畜集中起来，卖给收购者

1993年9月2日，为适应社会主义市场经济的需要，江西省规模最大的汽车摩托车自选市场在南昌开业，图为市民在选购摩托车

1992年11月18日，北京市第一个固定的人才交流场所——北京人才市场在劳动人民文化宫正式开业。它是为适应我国社会主义市场经济发展的需要，促进人才合理配置和使用而设立的

谈话中又得到了进一步的阐述。邓小平的精辟论断大大启发了人们的思想。

1992年6月，江泽民在中央党校发表重要讲话，表示他倾向于使用社会主义市场经济体制这个提法。但他说这是个人看法，还不是定论。

直到中共十四大报告，社会主义市场经济这个概念才被正式确定下来。

1993

1993 年 4 月 27 日，首次“汪辜会谈”在新加坡举行。会谈前，汪道涵（左）与辜振甫握手

海峡两岸间第一次握手
——“汪辜会谈”成功

1993 年 4 月 29 日，是一个具有历史性的日子。海峡两岸授权的民间机构的最高负责人汪道涵和辜振甫，郑重地在《汪辜会谈共同协议》等 4 份文件上签字，两位古稀老人睿智而深邃的目光相互凝视。他们知道，两岸关系的历史从此翻开了崭新的一页。

两岸直接接触开始于 1986 年 5 月的“两航（中国民航与台湾华航）谈判”。此后，两岸间围绕具体事件或问题进行的接触、商谈愈益频繁。特别是 1991 年台湾海峡交流基金会和大陆海峡两岸关系协会相继成立以来，两机构之间为处理两岸的有关问题积极合作，发挥了重要作用。

1993 年 4 月 25 日，汪道涵先生抵达新加坡樟宜机场，热情洋溢地提出：“两岸同胞应更具前瞻性地面对未来，把握国际发展的趋势所赋予我们中国人的历史机遇，以宽阔的胸怀向前看……”

4 月 26 日下午，辜振甫先生抵达新加坡。辜振甫先生说：“两岸的中国人都应该秉持‘双赢’的理念，相互扶持。”

在长达 40 多年的隔绝之后，台湾海峡两岸终于打破僵局，授权两个民间团体的负责人进行首次会谈，本身就是历史的进步，是两岸关系的良好开端。

开拓之旅、合作之旅、和平之旅
——海协会会长陈云林首次访问台湾

2008年11月4日，海峡两岸关系协会会长陈云林与海峡交流基金会董事长江丙坤在台北签署《海峡两岸海运协议》《海峡两岸空运协议》《海峡两岸邮政协议》和《海峡两岸食品安全协议》

2008年，海峡两岸关系协会会长陈云林进行了为期5天4夜的台湾之旅。这次台湾之旅是开拓之旅、合作之旅、和平之旅。

11月3日11时45分，陈云林率海协会协商代表团乘国航包机抵达台北桃园机场。

下午13时，陈云林和台湾海峡交流基金会董事长江丙坤在台湾圆山饭店完成两会最高领导人首次在台北的相见。

11月4日14时，陈云林与江丙坤分别在《海峡两岸空运协议》《海峡两岸海运协议》《海峡两岸邮政协议》和《海峡两岸食品安全协议》4项协议文件上签字。这意味着，1979年全国人大常委会《告台湾同胞书》所首倡的两岸“三通”主张，在两岸同胞持续不懈的共同努力下，终于经两岸制度化协商而得到切实的落实。

在台湾期间，陈云林先后拜会了辜振甫先生的遗孀辜严倬云女士，还前往设在长庚大学的王永庆灵堂亲自吊唁，并慰问王永庆家属。两会在台北共同主办的两岸金融座谈会和两岸工商及航运座谈会，也及时回应了两岸同胞普遍关心的问题。

亲民党主席宋楚瑜在台北设宴欢迎海协会会长陈云林及其率领的海协会协商代表团成员。

11月6日上午，台湾当局领导人马英九在台北宾馆会见了海协会会长陈云林及协商代表团主要成员、海基会董事长江丙坤等海基会人员。宾主双方在亲切友好的气氛中互赠了礼品。

11月7日，由陈云林会长率领的海协会协商代表团结束访台行程返抵北京，中台办、国台办主任王毅到机场迎接。

第一位欧文斯奖获得者——王军霞

1994 年 2 月，中国优秀长跑运动员、女子万米世界冠军王军霞在纽约获得第 14 届杰西·欧文斯奖，成为亚洲第一位荣获此奖的运动员

1996 年亚特兰大奥运会有一个场面令人们激动不已：中国运动员王军霞双手举着一面火红的国旗，在观众们的欢呼声中绕场一周。国旗在她身后飘扬，红光衬着她一脸灿烂的笑容，王军霞像一只金色的凤凰给祖国带来了荣誉。

王军霞，辽宁人，自幼开始练习长跑，后师从著名中长跑教练马俊仁。在马俊仁教练的严格管理、训练下，王军霞连续获得世界锦标赛长跑冠军。1993 年，她创造了 10000 米和 3000 米两项世界纪录，并创造了女子马拉松当年最好成绩。为表彰她对田径运动所做出的贡献，1994 年 2 月，国际田径协会将国际田径最高荣誉奖——杰西·欧文斯奖授予她。王军霞是有幸获此殊荣的第一个亚洲人。

1996 年，在亚特兰大第 26 届奥运会上，王军霞的出战，引起了海内

在第 26 届奥运会田径比赛中，被誉为“东方神鹿”的王军霞（3154 号）终于实现了她的奥运之梦——5000 米夺金，10000 米夺银

外华人的极大关注。当王军霞以 14 分 59 秒 8 的绝对优势获得 5000 米金牌时，正在北戴河开会的党和国家领导人为她的胜利举杯庆贺。接着，她又要向 10000 米金牌挑战，可惜当时她吃不下饭，又闹着肚子，却不敢贸然服药，就那么硬撑着上场了，终因体力不支而屈居亚军。在奥运会历史上，极少有人同时参加 5000 米和 10000 米的比赛，唯独中国姑娘王军霞敢于向世界挑战，向传统挑战。取得优异成绩的王军霞受到各国运动员和人民的敬重，被誉为“东方神鹿”。

1997 年 9 月 8 日在七运会女子 10000 米比赛中，王军霞以 29 分 31 秒 78 的优异成绩打破世界纪录，并夺得金牌

1994

1994 年 6 月 3 日，中国工程院在北京成立

第一个国家级工程技术学术机构 ——中国工程院成立

1992 年 4 月，著名科学家王大珩、张光斗、师昌绪、张维、罗沛霖和侯祥麟 6 位科学家联名上书中共中央，提出从速建立中国工程院的建议。5 月，江泽民总书记及中共中央与国务院领导做出批示，同意科学家们的建议，责成中国科学院提出具体方案。

1994 年 3 月，全国人民代表大会八届二次会议正式宣布：建立中国工程院。随后，以宋健为首的 45 位工程技术专家组成了中国工程院筹备领导小组，全面开展各项筹备工作。

6 月 3 日，中国工程院在北京中南海怀仁堂举行成立大会，江泽民、李鹏等党和国家领导人出席并讲话。

中国工程院是中国工程科学技术届的最高荣誉性、咨询性学术机构，由院士组成，负责对国家重要工程科

中国工程院成立大会选出的院长朱光亚（中）与4位副院长卢良恕（左一）、朱高峰（左二）、师昌绪（右二）、潘家铮（右一）

学技术问题组织开展战略性研究提供决策咨询，致力于促进工程科学技术事业的发展。

中国工程院下设机械与运载，信息与电子，化工、冶金与材料，能源与矿业，土木、水利与建筑，农业，环境与轻纺，医药与卫生8个工程学部。为便于国际交流，体现权威性和荣誉性，国务院决定在中国工程院实行院士和资深院士制度。工程院院士是工程技术人员的杰出代表，在各自领域卓有建树，并为中国建设事业做出了重大贡献。

截至2019年5月8日，中国工程院有院士857人，外籍院士65人，404位专家享有“资深院士”称号。

2018年5月28日，中国工程院第十四次院士大会在北京人民大会堂隆重开幕

1995

世妇会会场外，身披“和平”绣巾的尼日利亚“和平天使”十分引人注目。在她们的围巾上绣有用中文、英文等 11 种文字绣成的“和平”字样

第一次承办世界妇女代表大会
——联合国第四次世界妇女大会

1995 年 9 月 4 日，联合国第四次世界妇女大会在北京召开

约 200 名与会者聚集在北京国际会议中心大厅内，呼吁妇女享有平等的经济权利

联合国第四次世界妇女大会是中华人民共和国承办的第一次规模空前的国际盛会。大会于 1995 年 9 月 4 日在北京国际会议中心开幕，9 月 15 日闭幕。大会的主题是：以行动谋求平等、发展与和平；次主题是：健康、教育和就业。

大会通过的《北京宣言》和《行动纲领》，集中体现了各国代表和妇女的意志与智慧，是团结全世界妇女为实现自身解放而奋斗的重要文件。在大会的 10 个工作日里，组委会共安排了 7 天“一般性辩论”和 13 场大会发言，先后有 270 多位代表分别登上讲坛，代表 189 个国家和地区以及联合国机构、政府间国际组织和非政府组织发表意见。

这次大会和论坛的参加者超过 4 万人，在联合国的历史上规模空前。大会向世界展示了改革开放的中国的风采，提高了社会主义中国在国际社会的地位和声望。

在第四次世界妇女大会“妇女与自然资源”专题研讨会上，10 岁的美国小代表切尼·德伯森与母亲美国密西根州立大学自然保护学科教授翠茜·德伯森交谈

第一条南北铁路大动脉
——京九铁路全线通车

1996 年 9 月 1 日，由北京开往深圳的首列 105 次列车缓缓驶出北京西站，京九铁路全线开通运营

京九铁路是中国北京至香港九龙，纵贯京、津、冀、鲁、豫、皖、鄂、赣、粤 9 个省市，中国铁路网最长的南北通道。

京九线建成以前，中国铁路运输长期处于十分紧张的状况，南北方向只有京广、京沪两条铁路线，成为制约国民经济发展的瓶颈。

20 世纪 90 年代初期，“要致富、先修路”，中共中央、国务院高瞻远瞩，从国民经济的战略全局出发，决定建设京九铁路。京九铁路于 1993 年全面开工，1996 年开通运营，是中国铁路建设史上规模最大、投资最多、一次建成里程最长的铁路干线。

京九铁路北接丰沙、京包、京秦、京原等干线，南连广深、龙梅铁路，与朔黄、石德、邯济、新荷、陇海、浙赣等多条干线相交。全长 2381 千米；加上天津至霸州和麻城至武汉联络线，总长 2535.6 千米。总投资近 400 亿元。

京九铁路北京至向塘和天津至霸州联络线一次建成双线，其余为单线。向塘至龙川复线于 1999 年建成，龙川至东莞东复线于 2003 年 1 月 10 日建成通车，自此全线建成复线。全线有特大桥 65 座，大中桥 725 座，隧道 150 座。其中九江长江大桥是长江上跨度最大的桥，全长 7679 米。

自 2000 年以来，京九铁路陆续进行了提速改造，部分区段的旅客列车最高运行时速达到 140 千米，北京至深圳的旅行时间缩短至 24 小时以内。

京九铁路是一条凸显全国铁路网络骨架作用的“脊梁”之路。京九铁路的建成，形成了三线（京广、京九、京沪）呼应穿南北的态势，为缓解中国运能紧张状况起了重要作用。京九铁路既是一条加快地方经济发展的致富之路，又是一条提高沿线城市幸福值数的和谐之路。京九铁路开通后，带动了中国中部地区，特别是革命老区、贫困山区的发展。最重要的是加强了香港和内地的经济联系与合作，促进了香港的繁荣与稳定。

乘坐北京开往深圳的首列 105 次列车的旅客欢快地向人们挥手告别

共和国第二条南北干线高铁——京九高铁

京九高速铁路，又称京九高铁、京九客运专线，是《国家中长期铁路网规划》中的一条国家级高铁大动脉。“十三五”时期开工建设，线路走向与京九铁路平行，北起北京，南至香港九龙，连接北京、河北、山东、河南、安徽、湖北、江西、广东、香港 9 个省（市），是连接京津冀城市群、山东半岛城市群、中原城市群、长江中游城市群、珠三角城市群等国家级城市群的主要高铁干线，形成连接中国南北的经济大动脉。

2015 年 10 月 7 日，京九高铁走向基本确定，线路时速为 350 千米。

京九高铁建设模式为分段进行。由京雄高铁（北京—雄安新区）、雄商高铁（雄安新区—商丘）、商合杭高铁（商丘—合肥—杭州）、合安九高铁（合肥—安庆—九江）、阜冈九高铁（阜阳—黄冈—九江）、昌九高铁（九江—南昌）、昌赣高铁（南昌—赣州）、赣深高铁（赣州—深圳）以及广深港高铁（广州—香港）等新建线路和既有线路接驳而成。

2015 年 7 月 15 日，京九高铁江西段开始施工。京九高铁通车后，将与京九铁路一起，如同两条钢铁巨龙横亘在祖国大地上，气势恢宏，连接南北，造福人民。

2018 年 8 月 30 日，中铁十一局职工在江西省丰城市境内的昌赣高铁孙渡特大桥上吊装无砟轨道板。昌赣高铁是京九高铁的重要组成部分，总长约 415.2 千米，设计行车速度为 350 千米 / 小时

第一个特别行政区——香港特别行政区

1997年，是20世纪，中国人继48年前“站起来”之后，又一个扬眉吐气的年头。1997年的中国国土上，到处盛开着一种原来中国人并不熟悉的红色花朵，她有一个很雅的名字：“紫荆花”。紫荆花是香港特别行政区的区花。

香港特别行政区区徽

7月1日，我们终于盼到了香港的回归,同时也迎来了香港特别行政区的建立。

那天的庆典盛况空前。香港维多利亚湾畔的会议展览中心灯火辉煌，政权交接仪式便在这里举行。6月30日晚11时59分，英国米字旗和香港旗在低缓的英国国歌中缓缓降下。7月1日零时，雄壮的中华人民共和国国歌响起，五星红旗和紫荆花区旗飘扬在旗杆顶端。凌晨1时30分，江泽民主席宣布“中华人民共和国香港特别行政区政府成立”。同时，香港第一任特别行政区行政长官董建华在仪式上宣誓就职。这时，主席台上有一位鬓发花白的老人说：“我替小平同志‘到自己的土地上走一走，看一看’！”她就是邓小平同志的夫人卓琳，她可以告慰小平同志了。

1998年2月2日，香港股市在虎年第一个交易日出现红盘。1997年8月中旬以来，受东南亚金融危机的影响，香港股市大幅波动。但在特区政府的监管下，香港的金融业始终保持稳定

香港回归后一年，许多事实表明，坚持“一国两制，港人治港”高度自治方针，严格按照香港特别行政区基本法办事，是香港长期繁荣稳定的保障。一年来，香港同胞在特别行政区行政长官的领导下，为促进香港的繁荣做出新的贡献。尤其是当香港面临亚洲金融风波时，中央政府全力支持香港特别行政区政府维护香港的联系汇率制度，保持了香港大局的稳定。

继香港之后，澳门也于 1999 年 12 月 20 日回归祖国，成为第二个特别行政区。我们相信，台湾也将于不久的未来会回到祖国母亲的怀抱，最终实现中华儿女对祖国统一的期盼。

中国人民解放军第一支驻港部队

驻港部队海军舰艇大队在进行防化训练

历史的时针，终于指向 1997 年 7 月 1 日零时零分零秒。当驻港英军三军卫队长艾利斯中校越过威尔士亲王军营警戒线的一瞬间，五星红旗伴随着《中华人民共和国国歌》，从中华人民共和国礼兵手中冉冉升起。这标志着 150 多年来，香港第一次由中国自己的军队担负起防卫任务。

1993 年初，开始驻香港部队的组建工作。一年后初具规模。

1996 年 1 月，驻港部队组建完成，开始公开亮相，司令员是刘镇武少将，政治委员是熊自仁少将。驻港部队由中国人民解放军陆、海、空三军组成，以体现对香港领土、领海、领空的主权。1997 年 6 月 30 日，中央军委主席江泽民命令中国人民解放军驻香港部队进驻香港，于 7 月 1 日零时开始履行香港防务职责。

1997 年 6 月 30 日 21 时，509 名驻港部队先头部队官兵，携带必要的武器装备从深圳皇岗口岸准时进入香港境内，向威尔士亲王、石岗、赤柱、昂船洲 4 大军营进发……7 月 1 日 6 时，驻港部队主力 4000 余名官兵，400 余辆汽车、21 辆装甲车、10 艘舰艇和 6 架直升机，分陆路纵队、海军舰艇编队、空军直升机大队，陆续向香港特别行政区界内预定位置进驻。8 时 37 分，驻港部队最后一架直升机飞抵石岗机场。至此，中国人民解放军驻香港陆、海、空三军部队全部进入香港防区，全面担负起香港的防卫任务。

1998

20世纪中华第一高楼
——上海金茂大厦落成

1999年8月28日，屹立在上海浦东黄浦江畔、被誉为当时“中华第一高楼”的金茂大厦开业

上海的浦东地区原来是上海最大的棚户区，人穷、屋破、环境脏乱，在上海是出了名的“大姑娘都不愿嫁过去”的地方。1990年，浦东新区作为上海的一个特区，开始了全面改造。今天的浦东，耸立着幢幢摩天大厦，以它崭新的形象，出现在国人面前。

上海浦东陆家嘴金融区内，20世纪90年代末有一个让上海人骄傲的“中华之最”——一幢宝塔型的高楼，裙楼波浪形的屋面和主楼一曲一直，显示出一种别有情趣的设计思想。这就是当时被称为“中华第一高楼”的上海金茂大厦。大厦在1998年10月落成，高420.5米，地下3层，地上88层。

上海金茂大厦的建设在中国建筑史上有它独特的一面，即中国为总承包单位，面向全世界招标，利用世界上的先进设计力量来完成大厦的设计和建筑。高耸入云的大厦，稳固性是最重要的。优秀的建筑设计师设计了一种鸟笼式钢架地下桩基结构，整幢大厦坐落在由1062根钢管组成的地基上，钢管的用钢量相当于建3个南浦大桥主桥。整幢大楼垂直偏差仅2厘米，可以保证12级大风不倒，能抗7级地震。

1998年6月，上海金茂大厦荣获伊利诺斯世界建筑结构大奖；1999年10月，上海金茂大厦荣膺新中国50周年上海十大经典建筑金奖首奖。

2004年“上海金茂大厦国际跳伞表演”成功举行，共有16个国家的30多名低空跳伞运动员从金茂大厦88层的400米高度跳下，并表演了焰火跳、多人跳等跳伞技巧

2015年5月1日，游客在340米高的上海金茂大厦空中步道体验“云中漫步”

1999

第一个即时通信软件——腾讯 QQ

2006 年一张时尚海报的画面上，一只胖乎乎的企鹅得意地说：“别 CALL 我，QQ 我！”这只企鹅就是腾讯 QQ 的象征。腾讯 QQ 改变了年轻人的交往方式，成为年轻人生活中必不可少的交流工具。

一次偶然机会，深圳腾讯控股有限公司创办人马化腾感受到了国外 ICQ 的魅力，同时也看到了它的局限性：一是英文界面，二是在使用操作上有相当的难度，这使得 ICQ 很难在中国国内普及。针对 ICQ 的缺点，马化腾决定开发中文的 ICQ。1997 年，腾讯推出无线互联网寻呼解决方案，并不断地推陈出新。

1999 年 2 月 10 日，深圳市腾讯计算机系统有限公司正式推出第一个基于互联网的即时通信软件——腾讯 QQ。

人们可以使用腾讯 QQ 和好友进行在线聊天，可以即时传送视频、语音、文字和图片文件。同时，QQ 还可以与移动通信终端、IP 电话网、无线寻呼等多种通信方式相连，使腾讯 QQ 成为一种方便、实用、高效的即时通信工具。

腾讯 QQ 可能是中国被使用次数最多的在线通信工具。截至 2017 年底，

QQ 注册用户数超过 5.3 亿，同时最高在线人数突破 1950 万，占有率高达 77.80%。继续保持了全球最大互联网社交网络社区的地位。

腾讯 QQ 之所以能够取得成功，原因在于它的中文界面设计合理，用户操作简单，功能齐全，服务周到。

2009 年 4 月 29 日拍摄的 QQ2009 好友界面

跨平台通讯工具——微信

随着技术的进步，腾讯公司于 2011 年 1 月 21 日又推出了微信服务业务。

2013 年 2 月 28 日，印度尼西亚群岛印象传媒集团首席执行官陈明立在雅加达举行的签约现场向媒体介绍微信

微信（wechat）是一个为智能终端提供即时通讯服务的免费应用程序，微信支持跨通信运营商、跨操作系统平台通过网络快速发送免费语音短信、视频、图片和文字，同时，也可以使用通过共享流媒体内容的资料和基于位置的社交服务插件“摇一摇”“漂流瓶”“朋友圈”“公众平台”“语音记事本”等。微信还可将内容分享给好友以及将用户看到的精彩内容分享到微信朋友圈。

微信还有支付功能。这样一来，你出门就不必带现金、钱包、银行卡了。带着微信你就可以走遍中国了。

微信还有“发红包”的功能，过年过节时，亲戚朋友之间相互发红包，在对话框里就能边聊天边发红包了。

微信分为手机版本和电脑版本。

微信的好处主要有，可以随时随地在线与朋友们聊天，传图片或文件数据，发视频，共享地址，发名片，发语音，发红包等。

2018 年 6 月，微信在全球的月活跃用户数首次突破 10 亿大关。

第一颗“北斗”导航试验卫星发射成功

2000年10月31日，中国自行研制的第一颗导航定位卫星“北斗”导航试验卫星在西昌卫星发射中心发射成功

现在大多的智能手机上都有GPS定位系统。GPS，也就是全球定位系统。这个系统是美国国防部研制组建的全天候的全球性空基无线电授时与导航定位系统。

从2000年开始，中国也有了自己的全球定位系统——“北斗”卫星导航试验系统，又称“北斗”1号卫星导航定位系统。

“北斗”1号卫星导航定位系统由2颗地球静止轨道卫星、1颗轨道备份星、1个地面控制中心、若干标校机和各类用户机组成。第一颗和第二颗“北斗”导航试验卫星分别于2000年10月31日和12月21日在西昌卫星发射中心用“长征”3号甲运载火箭送入地球同步转移轨道。双星组成北斗卫星导航试验系统，使中国成为世界上继美国、俄罗斯之后第三个具有自主卫星导航定位系统的国家，打破了依赖国外导航定位技术的被动局面，极大地推进了我国空间信息基础设施的建设，为国防建设和国民经济建设做出了重要贡献，尤其在2008年汶川大地震救援中发挥了不可替代的作用。2003年5月25日又发射了一颗备份卫星，试验系统完成组建。

这3颗卫星是中国卫星导航定位系统的第一批卫星，分为有效载荷和平台两部分。有效载荷包括定位和通信两部分，主要由高精度时钟、转发器和天线组成。平台包括结构、姿态和轨道控制、热控、电源、测控、推进等分系统。设计寿命8年。

北斗卫星导航试验系统服务范围为东经70°－140°，北纬5°－55°。在卫星的寿命到期后，试验系统已停止工作。

中国自行研制的全球卫星导航定位系统
——中国“北斗”卫星导航定位系统

中国“北斗”卫星导航定位系统是中国自行研制的全球卫星导航定位系统，是继美国全球定位系统、俄罗斯“格洛纳斯”卫星导航系统、欧洲“伽利略”卫星导航系统之后第四个成熟的卫星导航定位系统。

中国卫星导航定位系统由空间段、地面段和用户段三个部分组成，可在全球范围内全天候、全天时为各类用户提供高精度、高可靠定位、导航、授时服务，并具短报文通信能力，已经初步具备区域导航、定位和授时能力，定位精度10米，测速精度0.2米／秒，授时精度10纳秒。

2017年11月5日，中国第三代导航定位卫星顺利升空，它标志着中国正式开始建造“北斗”全球卫星导航定位系统。

2018年8月25日7时52分，在西昌卫星发射中心发射第35、第36颗北斗导航卫星，两颗卫星属于中圆地球轨道卫星，也是中国“北斗”3号全球系统第11、第12颗组网卫星。

2018年9月19日，中国在西昌卫星发射中心以“一箭双星”方式成功发射第37、第38颗北斗导航卫星。这两颗卫星属于中圆地球轨道卫星，是中国“北斗”3号全球系统第13、第14颗组网卫星。在这两颗北斗导航卫星上，还首次装载了国际搜救组织标准设备，将为全球用户提供遇险报警及定位服务。

2018年12月27日，“北斗”系统服务范围由区域扩展为全球，中国卫星导航定位系统正式迈入全球时代。

截至2019年5月20日，中国已成功发射45颗“北斗”导航卫星。根据系统建设总体规划，2020年左右将建成覆盖全球的北斗卫星导航定位系统。

2018年11月5日，习近平总书记在联合国全球卫星导航系统国际委员会第十三届大会的贺电中如此评价：“北斗系统已成为中国实施改革开放40年来取得的重要成就之一”。

2018年11月19日2时7分，中国在西昌卫星发射中心以“一箭双星”方式成功发射第42、第43颗北斗导航卫星

第一次设立国家最高科学技术奖

2001年2月19日，中共中央、国务院在北京人民大会堂隆重召开国家科学技术奖励大会，国家最高科学技术奖获得者袁隆平（左）、吴文俊（右）在主席台上

2001年2月19日上午，中共中央、国务院在京隆重举行国家科学技术奖励大会。会上，江泽民首先向获得2000年度国家最高科学技术奖的中国科学院系统科学研究所研究员、中国科学院院士吴文俊和湖南杂交水稻研究中心研究员、中国工程院院士袁隆平颁发由他亲笔签发的奖励证书和奖金。

从2000年起设立国家最高科学技术奖，以国家名义对为科学技术发展做出杰出贡献的科学家给予最高荣誉奖励，是中共中央、国务院做出的重要决定。中国设立了国家最高科学技术奖、国家自然科学奖、国家技术发明奖、国家科学技术进步奖、中华人民共和国国际科学技术合作奖5项国家科学技术奖。国家最高科学技术奖每年授予人数不超过2名，获奖者必须在当代科学技术前沿取得重大突破或者在科学技术发展中有卓越建树；在科学技术创新、科学技术成果转化和高技术产业化中，创造巨大经济效益或者社会效益。

国家最高科学技术奖自2000年设立以来，以其权威性和高达500万

元人民币的奖金引起海内外的关注。2019年1月，奖金标准更是由500万元／人调整为800万元／人，并且奖金分配结构调整为全部由获奖者个人支配（之前的500万元，450万元由获奖者自主选题，用作科研经费，50万元属获奖者个人所属）。调整后的国家最高科学技术奖奖金标准自2018年度实施。

2004年国家最高科学技术奖第一次出现空缺，2015年第二次出现空缺。截至2019年1月，共有31位杰出科学工作者获得国家最高科学技术奖。2019年1月8日，按照党和国家功勋荣誉表彰制度体系的奖章规制，首次设计制作了国家最高科学技术奖奖章。

获得2000年度国家最高科学技术奖的中国科学院院士吴文俊是著名的数学家

获得2000年度国家最高科学技术奖的湖南杂交水稻研究中心研究员、中国工程院院士袁隆平（左）

第一个以中国城市命名的国际组织——上海合作组织

上海合作组织（SCO，简称上合组织）的前身是“上海五国”会晤机制。1996年4月26日，中国、俄罗斯、哈萨克斯坦、吉尔吉斯斯坦、塔吉克斯坦五国元首在上海举行首次会晤。从此，“上海五国”会晤机制正式建立。

2001年6月14～15日，“上海五国”元首在上海举行第六次会晤，乌兹别克斯坦以完全平等的身份加入“上海五国”会晤机制。15日，六国元首举行首次会晤并签署《上海合作组织成立宣言》，上海合作组织正式成立。

上海合作组织是第一个在中国境内宣布成立、第一个以中国城市命名的国际组织。工作语言为汉语和俄语。上海合作组织的宗旨是：加强各成员国之间的相互信任与睦邻友好；鼓励成员国在政治、经贸、科技、文化、教育、能源、交通、旅游、环保及其他领域的有效合作；共同致力于维护和保障地区的和平、安全与稳定；推动建立民主、公正、合理的国际政治经济新秩序。上海合作组织对内遵循

2012年5月30日，上海合作组织会徽矗立在天安门广场上

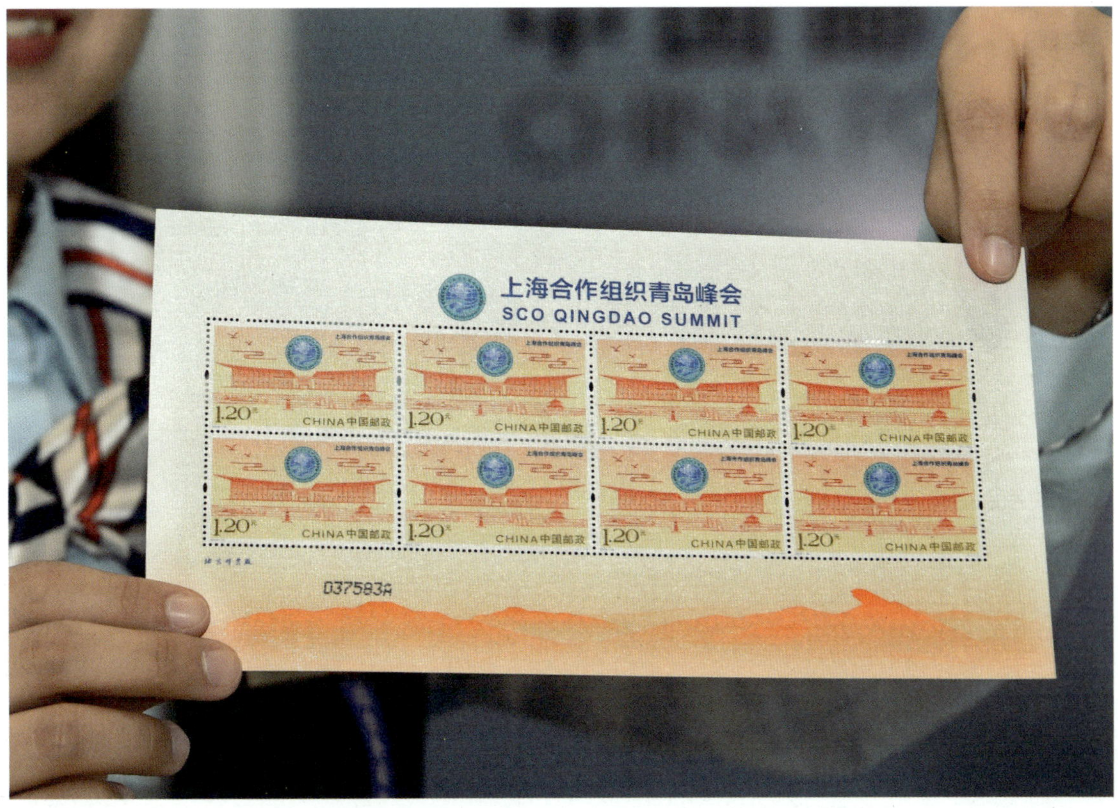

2018年6月9日，上海合作组织青岛峰会纪念邮票发行

“互信、互利、平等、协商，尊重多样文明，谋求共同发展”的“上海精神”，对外奉行不结盟、不针对其他国家和地区及开放原则。

上海合作组织自成立之日起，成员国在文化、经贸、军事、司法、安全等各领域和各层次的合作相继展开，并不断得到加强。“9·11”事件后，上海合作组织成员国加强了以打击本地区恐怖主义、极端主义和分裂主义“三股势力”为中心的反恐合作，进一步增强了成员国间的相互信任。

2017年6月8～9日，上合组织元首理事会阿斯塔纳会议做出历史性决定，给予印度共和国和巴基斯坦伊斯兰共和国成员国地位。

截至2019年5月，上合组织包括以下国家：

8个成员国：印度共和国、哈萨克斯坦共和国、中华人民共和国、吉尔吉斯斯坦共和国、巴基斯坦伊斯兰共和国、俄罗斯联邦、塔吉克斯坦共和国、乌兹别克斯坦共和国；

4个观察员国：阿富汗伊斯兰共和国、白俄罗斯共和国、伊朗伊斯兰共和国、蒙古国；

6个对话伙伴：阿塞拜疆共和国、亚美尼亚共和国、柬埔寨王国、尼泊尔联邦民主共和国、土耳其共和国、斯里兰卡民主社会主义共和国。

2001

2001 年 11 月 11 日，在卡塔尔首都多哈举行的中国加入世贸组织签字仪式上，中国外经贸部部长石广生等在签字后鼓掌祝贺

历史性的一声槌响
——中国加入世界贸易组织

2001 年 11 月 10 日 18 时 30 分（多哈时间），在卡塔尔首都多哈喜来登酒店萨尔瓦会议大厅，世界贸易组织（World Trade Organization，WTO，简称世贸组织）第四届部长级会议主席，卡塔尔财政、经济和贸易大臣卡迈勒宣布：大会开始讨论下一个重要议题——中国加入世贸组织问题。世贸组织中国工作组主席吉拉德向大会报告工作组的工作，并向大会提交了部长级会议《关于中国加入世贸组织的决定》草案，请大会审议和通过。

在没有任何反对意见的情况下，会议主席卡迈勒手中的木槌慢慢举起来，然后轻轻落下。

卡迈勒手中的木槌举起落下的时间仅仅是几秒钟，但是却标志着中华人民共和国长达 15 年复关和加入世贸组织进程

的结束，宣告了一个历史性时刻的诞生。

中国是1947年成立的关税及贸易总协定（General Agreement on Tariffs and Trade，GATT）创始国之一。中华人民共和国成立后，台湾当局非法窃据中国席位。1984年11月，中华人民共和国获得了关贸总协定观察员地位。1986年7月，中国正式提出恢复关贸总协定缔约国地位的申请。

漫长的15年牵动着中国人的心，从中央领导到普通百姓，国人的心随着谈判的进展起伏波动。

中国加入世界贸易组织以后，在货物贸易、服务贸易和知识产权领域，积极地履行了加入承诺，对外开放也整体向前迈进了一大步，与贸易有关的各项法律制度进一步得到健全和规范，极大地促进了社会主义市场经济体制的完善、对外贸易和国民经济的发展。

2000年5月19日，中国和欧盟就中国入世达成双边协议。图为外经贸部部长石广生和欧盟贸易委员帕斯卡尔·拉米分别代表中欧双方签署协议

第一次设立国家奖学金

2007 年 1 月 17 日，2006—2007 学年度国家奖学金颁奖大会在北京举行

《晋书 · 刘毅传》 里有一句话——“上品无寒门，下品无士族。”

其中“寒门”指的是魏、晋、南北朝时不属于士族的家族。但是后来没有了寒门和士族的区分，寒门的意思也就发生了改变，成了贫穷人家读书人的意思。

寒门的学生多数出生于农村地区。农村孩子在智力上未必比城里孩子差，可是，无论是接受的家庭教育还是学校教育都远远比不上城市的孩子。农村孩子的家庭经济条件较差，而念大学既是寒门子弟改变命运、提升社会地位的途径之一，也是国家选拔人才的途径之一。

据统计，到 2001 年底，中国各类高等院校在校生已达 1300 多万人，在校家庭经济困难学生的人数约占在校生的 20% 左右，其中特别困难的占到 10%。

在校学习生活的费用，对于寒门学子来说是一大笔开销，对其家庭是沉重的负担。这曾经把一些寒门学子挡在校门之外。

为了帮助这些寒门学子完成学业，财政部、教育部于 2002 年 5 月 21 日宣布，为资助中国高等院校中家庭经济困难、品学兼优的学生完成学业，国家决定设立国家奖学金，并于 2002 年 9 月 1 日起实行。

国家奖学金是指为了激励普通本科高校、高等职业学校和高等专科学校学生勤奋学习、努力进取，在德、智、体、美等方面全面发展，由中央政府出资设立的用来奖励特别优秀学生的奖学金。

这是中国首次设立国家奖学金。国家奖学金每年2亿元定额发放给45000名学生，按两个等级发放，其中10000名特别优秀的学生享受一等奖学金，标准为每人每年6000元；35000名学生享受二等奖学金，标准为每人每年4000元。凡国家奖学金获得者，其所在学校减免当年的全部学费。

为了帮助更多学习优异的贫困生完成学业，2007年又设立了国家励志奖学金。

国家励志奖学金由中央和地方共同设立，奖励对象为普通本科高校和高等职业学校本专科在校生中品学兼优的家庭经济困难的学生，资助金额为每人每年5000元，不分等级，统一记入学生个人档案，资助覆盖面将达到全国高校在校生的3%。

国家励志奖学金所需资金，中央部门所属高校由中央负担；地方所属高校根据各地财力及生源状况由中央和地方按比例分担。2007年9月新学期开学时，中央财政和地方财政投入14亿元，发放首批国家励志奖学金。

2012年10月22日，财政部、教育部发布《关于研究生国家奖学金管理暂行办法》的通知，为发展中国特色研究生教育，促进研究生培养机制改革，提高研究生培养质量，从2012年9月1日起，实施研究生国家奖学金制度，每年奖励45000名在读研究生——博士研究生10000名，硕士研究生35000名。

国家不仅关心贫困大学生、研究生的学习生活，而且还关注贫困高中生的学习生活。从2010年秋季学期起，中央与地方共同设立国家助学金，用于资助家庭经济困难的普通高中在校生，资助面约占全国普通高中在校生总数的20%，其中东部地区为10%、中部地区为20%、西部地区为30%。各地可结合实际，在确定资助面时适当向农村地区、贫困地区和民族地区倾斜。

2016年5月4日，25岁的苏琦是江西省华东交通大学电气与电子工程学院一名大四的学生。虽然从小身患小儿麻痹症，苏琦却在大学阶段获得国家专利发明、个人“国家励志奖学金”、“三好学生”等诸多荣誉，她被同学们称作励志的“乐天派”

2003

2003 年 10 月 16 日，中国第一艘载人飞船“神舟”5 号成功着陆。图为航天员杨利伟自主出舱

第一次成功发射载人宇宙飞船——“神舟”5 号

1999 年 11 月 20~21 日，中国载人航天工程第一艘“神舟”无人试验飞船飞行试验获得了圆满成功。2001 年初至 2002 年底，中国又相继研制并成功发射了“神舟”2~4 号无人试验飞船，获得了宝贵的试验数据，为实施载人航天打下了坚实的基础。

“神舟”5 号飞船是在无人飞船基础上研制的中国第一艘载人飞船，乘有 1 名航天员，在轨运行 1 天。整个飞行期间不仅要为航天员提供必要的生活和工作条件，同时还要将航天员的生理数据、电视图像发送回地面，并确保航天员安全返回。

飞船由轨道舱、返回舱、推进舱和附加段组成，总长 8860 毫米，总重 7840 千克。飞船的手动控制功能和环境控制与生命保障分系统为航天员的安全提供了保障。

2003 年 10 月 15 日 9 时整，火箭在震天憾地的轰鸣声中腾空而起，急速飞向太空。

飞船由长征 2F 运载火箭发射到近地点 200 千米、远地点 350 千米、倾角

2003年10月15日9时36分，航天员医监医生（右二）在北京航天指挥控制中心询问正在太空中飞行的杨利伟的身体情况

2003年10月16日，中国第一艘载人飞船“神舟”5号返回舱在内蒙古主着陆场安全着陆

42.4度初始轨道，实施变轨后，进入343千米的圆轨道。飞船环绕地球14圈后在预定地区着陆。

10月16日6时54分，载人航天工程总指挥李继耐在北京航天指挥控制中心宣布：“神舟”5号载人飞船16日6时28分在内蒙古主着陆场成功着陆，实际着陆点与理论着陆点相差4.8千米；返回舱完好无损；航天员杨利伟自主出舱；中国首次载人航天飞行圆满成功。

“神舟”5号载人航天飞行实现了中华民族千年飞天的夙愿，是中华民族智慧和精神的高度凝聚，是中国航天事业的一座里程碑。

2004

2004 年 8 月 27 日，刘翔以 12 秒 91 的成绩夺取雅典奥运会男子 110 米栏金牌，并平了该项目世界纪录

中国田径史上第一位男子奥运冠军——刘翔

2004 年 8 月 27 日，雅典奥运会男子 110 米栏决赛上，中国运动员刘翔以 12 秒 91 平了英国选手科林·杰克逊创造的世界纪录，夺得了金牌，创造了中国人在短道项目上的奇迹和神话！

1990 年，7 岁的刘翔转入上海管弄新村小学二年级读书。在学校里，有些腼腆的刘翔读书很好，常常被老师夸奖。刘翔活泼好动，跑、跳皆十分出色。

三年级时，普陀区少体校的跳高教练顾宝刚来管弄新村小学“选苗”，校田径队教练仲锁贵力荐刘翔。1992 年，四年级即将结束的时候，刘翔被顾宝刚选入上海市普陀区少体校，主练跳高，辅练 100 米短跑等，开始了运动生涯。

1995 年，刘翔进入市体校，开始练习跨栏。后转入上海市田径传统学校——宜川中学。1999 年 3 月，在教练孙海平的全力争取下，刘翔回到了市体校练习跨栏，并进入国家队。从此，刘翔与孙海平结缘，最终创造了 12 秒 91 的神话。

2001 年 8 月 28 日，在第 21 届世界大学生运动会男子 110 米栏决赛中，刘翔以 13 秒 33 的成绩获得冠军

1996 年，13 岁的刘翔已经是上海市少年组跳高冠军了。

2001 年 8 月 28 日，刘翔获得世界大学生运动会男子 110 米栏冠军。

2005 年 8 月 12 日，在第 10 届世界田径锦标赛上，刘翔以 13 秒 08 夺得亚军，创造了中国男选手在世锦赛历史上的最好成绩。

2006 年 7 月 12 日，刘翔以 12 秒 88 的成绩获得瑞士洛桑田径超级大奖赛金牌，并打破由英国名将科林·杰克逊创造并保持了 13 年的世界纪录 12 秒 91。

2007 年 8 月 31 日，在日本大阪第 11 届世界田径锦标赛男子 110 米栏决赛上，刘翔以 12 秒 95 获得冠军，成为集世界纪录、奥运会冠军、世锦赛冠军于一身的男子 110 米栏“大满贯”得主。

2008 年 8 月 18 日，刘翔在北京鸟巢举行的第 29 届奥运会 110 米栏预赛中，因伤宣布退赛。

2007 年 8 月 31 日，刘翔在第 11 届世界田径锦标赛男子 110 米栏决赛夺冠后庆祝

杨柳青时忆故人，万紫千红总是春
——中国国民党主席连战第一次率国民党访问团访问大陆

2005年5月3日下午1时，由中国国民党主席连战率领的国民党大陆访问团一行70余人结束了对大陆历史性的8天访问，自上海浦东国际机场登机，经香港飞回台北。连战在机场表示，此次访问是访问团所有团员最珍贵、最值得回忆的经历。

连战应中共中央和中共中央总书记胡锦涛邀请率团来访，是中国国民党最高领导人时隔56年后首度返抵大陆，极具历史意义。

在大陆的8天时间里，连战一行参访了南京、北京、西安、上海四大城市。在南京，敬谒了中山陵；在北京，

2005年5月1日，中国国民党主席连战在西安清凉寺祭扫祖母墓。图为家祭结束后，中国国民党大陆访问团全体成员集体敬拜连战祖母——沈太夫人墓

2005年5月2日，海峡两岸关系协会会长汪道涵在上海会见中国国民党主席连战

与中共中央总书记胡锦涛进行了国共两党最高领导层近60年的第一次会面；在西安，踏访了连战先生幼年学习、生活的故地，并祭拜其祖母墓；最后一站，在上海，则与在大陆各地的台商代表和本地工商界举行盛大午餐会，并与大陆海峡两岸关系协会会长汪道涵先生会面。

4月29日下午3时，胡锦涛来到人民大会堂北大厅，同连战及其夫人连方瑀，以及吴伯雄、林澄枝、江丙坤、林丰正、徐立德等人亲切握手。随后，胡锦涛来到人民大会堂东大厅，会见中国国民党大陆访问团全体成员并合影。

5月3日中午12时30分左右，中台办主任陈云林主持为连战一行举行的欢送仪式。陈云林、上海市委副书记罗世谦以及30余位台商到机场为连战等人送行。

对连战一行短暂的大陆访问，中台办主任陈云林给予高度评价："8天揭开了两党关系史上的新篇章。"而连战本人则表示："万事开头难"，预料未来两岸关系的发展必会"开花结果"。

2006

2005年4月2日，我国远洋科学考察船“大洋一号”在青岛起航，开始执行我国首次环球大洋科学考察任务

十六万里航海新纪元
——首次环球大洋科学考察

中国科学家于2006年1月22日完成第一次环球大洋科学考察任务。

2005年4月2日，“大洋一号”从青岛出发，一路向东穿过太平洋、大西洋、印度洋。2006年1月22日返回青岛，历时297天。先后有包括美国、德国一些海洋研究机构在内的国内外20多家研究单位的100多名科研人员参加了这次大洋科学考察活动。

中国第一次环球大洋科学考察创下16项之最：

1. 历时297天，创中国海洋科考史上时间之最；

2. 穿越三大洋，创中国海洋科考范围之最；

3. 航程计43230 海里（合8万多千米），创中国海洋科考里程之最；

4. 创历次科考人数之最；

5. 第二航段海上连续工作64天，创单航段时间之最；

6. 连续两个航段长达113天人员没有登陆休整，创人员连续在船时间之最；

7. 第一、二两个航段中间未进行任何食物补充，创无食物补给时间之最；

8. 可视浅钻有效作业107次，创调查设备取样次数之最；

9. 成功地回收放在海底的两套锚系设备，创获取海底长时间连续观测数据之最；

10. 电视抓斗在3500米海底连续工作7个小时，连续抓了13次，创设备在海底工作时间之最；

11. 获取三大洋的硫化物、玄武岩、辉橄岩等样品，创获取样品数量、种类之最；

12. 观测到具有热液喷口明显特征的成群的海虾、海葵、蠕虫等，创获取极端环境下生物样品之最；

13. 发现热液喷口浊度异常，同时观察到具有热液喷口明显特征的生物景观，创中国海洋科考发现之最；

14. 主机连续工作5700小时无停车故障，创船舶动力保障之最；

15. 动力定位使用245次，累计工作900余小时，有效配合调查作业241次，创历年单航次船舶操纵之最；

16. 所有考察项目均超额完成，创完成考察工作量之最。

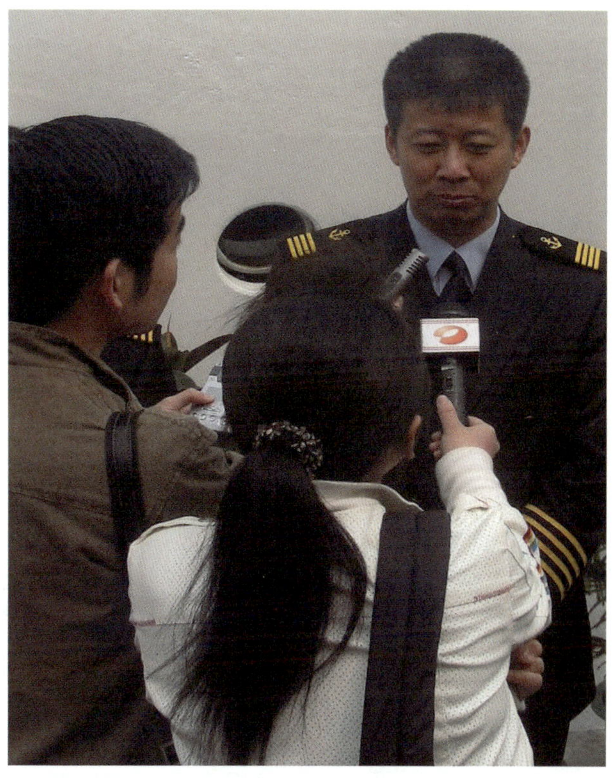

2005年4月2日，科考船船长陆会胜在接受记者采访

缓缓驶离青岛的“大洋一号”

2006

2009 年 10 月 24 日，进藏列车驶经昆仑山冻土区段

第一条高原铁路——青藏铁路通车运行

歌手韩红在《天路》中唱到——看那铁路修到我家乡／一条条巨龙翻山越岭／为雪域高原送来安康／那是一条神奇的天路／带我们走进人间天堂。

这条“天路”就是第一条高原铁路——青藏铁路。

青藏高原交通闭塞，山高水长，物流不畅；高原缺氧，行路艰险。如果去一次西藏拉萨，那真是“难于上青天”。

1949 年，整个西藏仅有 1 千多米便道可以行驶汽车，水上交通工具只有溜索桥、牛皮船和独木舟。

20 世纪 50 年代，中共中央决定要把铁路修到拉萨。

1956 年开始，铁道部第一勘测设计院就对从兰州到拉萨的 2000 余千米线路进行了全面的勘测设计工作。

1973 年，毛泽东在接见来访的尼泊尔国王比兰德拉时表示，要加快修建青藏铁路；同年 11 月 26 日，国家建设委员会在北京召开了青藏线协作会议。

青藏铁路起自中国青海西宁止于西藏拉萨，是世界上通过冻土地段最长和海拔最高的铁路。途经纳赤台、不冻泉、五道梁、沱沱河、雁石坪、安多、那曲、当雄和羊八井等城镇，跨越昆仑山、风火山、唐古拉山、念青唐古拉山，全长 1956 千米。

青藏铁路途经青海湖、昆仑山、可可西里、三江源、藏北草原、布达拉宫等景区。

青藏铁路分为青藏铁路西格段和青藏铁路格拉段，其中青藏铁路西格段（西宁—格尔木）为双线电气化铁路，青藏铁路格拉段（格尔木—拉萨）为单线非电气化铁路。

2010年7月5日上午，由拉萨开往北京的T28次列车通过拉萨河特大桥

其中，西宁至柴达木盆地南缘格尔木市815千米，已于1979年建成，1984年正式运营；格尔木至拉萨段全长1142千米，2001年6月29日开工，2006年7月1日通车运行。

格尔木至拉萨段基本沿青藏公路，全段通过多年冻土地段550千米，海拔高于4000米地段965千米，海拔最高点为唐古拉山口达5072米。

格尔木至拉萨段工程克服了多年冻土、高寒缺氧等施工困难，创造了世界海拔最高的隧道、世界海拔最高的车站等一系列奇迹，并在施工中保护了沿线植被和野生动物。

青藏铁路的建设创造了西藏铁路运输史上的多项纪录。这条铁路是世界海拔最高的高原铁路：铁路穿越海拔4000米以上地段达965千米，最高点为海拔5072米；这条铁路也是世界最长的高原铁路：青藏铁路格尔木至拉萨段，穿越戈壁荒漠、沼泽湿地和雪山草原，全线总里程达1142千米；这条铁路还是世界上穿越冻土里程最长的高原铁路：铁路穿越多年连续冻土里程达550千米；海拔5068米的唐古拉山车站，是世界海拔最高的铁路车站；海拔4905米的风火山隧道，是世界海拔最高的冻土隧道；全长1686米的昆仑山隧道，是世界最长的高原冻土隧道；海拔4704米的安多铺架基地，是世界海拔最高的铺架基地；全长11.7千米的清水河特大桥，是世界最长的高原冻土铁路桥；青藏铁路冻土地段时速达到100千米，非冻土地段达到120千米，是世界高原冻土铁路的最高时速。

青藏铁路的建成极大地改善了西藏的交通条件和投资环境，加强了西藏与内地的经济和文化联系，推动了西藏经济和社会快速发展。

青藏铁路被列为“十五”四大标志性工程之一，名列西部大开发12项重点工程的第一位，被誉为“世界上最壮观的铁路之一”。

第一个月球探测器
——“嫦娥”1号成功发射

“嫦娥”1号月球探测卫星由中国空间技术研究院承担研制，以中国古代神话人物嫦娥命名。“嫦娥”1号卫星是中国自主研制、发射的第一个月球探测器，总重量为2350千克左右，尺寸为2000毫米×1720毫米×2200毫米，帆板展开长度18米。主要用于获取月球表面三维影像、分析月球表面有关物质元素的分布特点、探测月壤厚度、探测地月空间环境等。

整个“奔月”过程长达8~9天。“嫦娥”1号运行在距月球表面200千米的圆形极轨道上。“嫦娥”1号工作寿命1年，计划绕月飞行1年。执行任务后将不再返回地球。

2007年10月24日18时05分左右，“嫦娥”1号卫星从西昌卫星发射中心由“长征”3号甲运载火箭成功发射。卫星发射后，用8~9天时间完成调相轨道段、地月转移轨道段和环月轨道段飞行。经过8次变轨后，于11月7日正式进入工作轨道。18日卫星转为对月定向姿态，20日开始传回探测数据。

探月工程是继人造地球卫星、载人航天之后，中国航天活动的第三个里程碑。“嫦娥”1号卫星首次绕月探测的圆满成功，突破并掌握一大批具有自主知识产权的核心技术和关键技术，使中国成为世界上为数不多的具有深空探测能力的国家，实现了多个中国航天史及航天器的“第一”：第一

2007年11月26日，中国国家航天局正式公布“嫦娥”1号卫星传回的第一幅月面图像

次研制并成功发射中国首颗绕月探测卫星；第一次实现了绕月飞行和科学探测；第一次形成了深空探测任务的总体设计思路和研制流程。这些都充分体现出中国综合国力显著增强，自主创新能力和科技水平不断提高。

2009年3月1日16时13分，“嫦娥”1号卫星在控制下成功撞击月球。

中国第一台月球探测车
——“玉兔”号在月球表面着陆

从前“寂寞嫦娥舒广袖”，而今寂寞的嫦娥不再“寂寞”——中国有了探月工程。

中国探月工程，亦称嫦娥工程，是中国启动的第一个探月工程，于2003年3月1日正式启动。

探月工程，第一是发射绕月卫星，第二是发射无人探测装置，实现月面软着陆探测，最后是为运输机器人上月球建立观测点，并且采取样本返回地球，为载人登月及返回做准备。整个计划将会历时20年。

截至2018年底，中国已经先后发射了4颗月球探测卫星：

2007年10月24日，第一颗月球探测卫星——“嫦娥”1号发射升空。运行在距月球表面200千米的圆形极轨道上执行科学探测任务。

2010年10月1日，“嫦娥”2号月球探测卫星发射升空，其主要任务是要获得更清晰更详细的月球表面影像数据和月球极区表面数据。

2013年12月2日，“嫦娥”3号探测器发射升空，12月14日成功携带“玉兔”号月球探测车软着陆于月球雨海西北部。

2018年12月8日，“嫦娥”4号发射升空。2019年1月3日，“嫦娥”4号成功登陆月球背面，全人类首次实现月球背面软着陆。

这是“嫦娥”3号巡视器（即“玉兔”号月球探测车）。图片是由“嫦娥”3号着陆器上的地形地貌相机拍摄的

2008

2008 年 5 月 14 日，在地震中垮塌的四川省汶川县映秀镇白花大桥

第一次启动一级救灾应急响应
——四川汶川大地震

2008 年 5 月 12 日 14 时 28 分，在四川省汶川县（北纬 31 度，东经 103.4 度）发生 8.0 级地震。受灾最重的北川县，县委大院、北川中学新址、北川县医院、北川县曲山小学和曲山幼儿园被埋在上百米的滑坡体下。根据不完全统计，汶川地震死亡、失踪者共 87000 多人，造成直接经济损失 8451 亿元；地震造成地质灾害多达 12000 多处，潜在隐患点近 8700 处。

地震发生后，中共中央总书记胡锦涛立即做出重要指示，要求尽快抢救伤员，确保灾区人民群众生命安全。中共中央政治局常委胡锦涛、温家宝、吴邦国、贾庆林、李长春、习近平、李克强、贺国强先后亲临地震灾区视察灾情。地震发生后 2 个小时，国务院总理温家宝即赴四川地震灾区，现场指挥抗震救灾工作。

5 月 12 日 22 时 15 分，中国国家减灾委员会紧急启动一级救灾应急响应。地震发生后，中国国际救援队、中国军队海陆空三军、武警部队、公安干警紧急开赴灾区。从 5 月 13 日晨开始，空降兵、海军陆战队、武警、武警水电部队、武警消防特勤队紧急开赴地震灾区。仅 13 日一天，总参谋部就组织出动 22 架军用运输机，调用民用客机12架，在恶劣气候条件下不间断飞行79架次。先后投入解放军、武警部队14万人。另外，公安部还先后从全国各地调集了近9000名公安特警赴川抗震救灾，维护治安。

2008年5月14日，中国人民解放军第三军医大学医疗队正在清点药品、器材，准备前往汶川县映秀镇

地震发生后，全国各地数万名各行各业的志愿者自发行动起来。民营企业家陈光标的车队载着几十台大机械昼夜兼程从江苏等地赶来了；辽宁、河北唐山的农民兄弟赶来了；下岗工人赶来了；退伍老兵陈岩赶来了；大学生赶来了……在志愿者队伍中，医生、教师、理发师、心灵抚慰者、搬运工、出租车司机……几乎包含了日常生活中所有行业从业者。

2008年5月14日，救援的直升飞机在汶川县映秀镇中学外的空地上救助伤员

地震牵动了世界人民的心，大爱超越了国界。截至5月27日，来自俄罗斯、日本、意大利、德国、英国、法国、古巴等国家，以及中国台湾、香港地区的10支医疗队共280人次的医务人员，分别在成都、德阳、绵阳、广元等重灾区开展人道主义医疗救治工作。截至5月29日，重达3861.224吨的帐篷、药品、医疗器械、食品、发电设备及保暖物品等国际救灾物资源源不断地被送往灾区。这些救灾物资分别来自俄罗斯、沙特阿拉伯、韩国、巴基斯坦等33个国家和地区以及联合国难民署等国际组织。

2008年9月1日，在四川汶川大地震中遭受重创的北川中学开学，中共中央政治局常委、国务院总理温家宝参加开学典礼，看望该校师生。温家宝指出，在中共中央、国务院、中央军委的领导和部署下，在四川省委、省政府的直接指挥下，在灾区广大干部群众的共同努力下，抗震救灾工作取得了阶段性的伟大胜利。

2008

2008 年 8 月 8 日，第 29 届奥运会开幕式在北京国家体育场隆重举行。图为开幕式上的焰火

第一次举办奥运会
——第 29 届奥林匹克运动会

2008 年 8 月 8 日晚，举世瞩目的第 29 届奥林匹克运动会开幕式在北京国家体育场隆重举行。具有两千多年历史的奥林匹克运动与具有五千多年传承的灿烂中华文化交相辉映，共同谱写人类文明气势恢弘的新篇章。国际奥委会主席罗格、终身名誉主席萨马兰奇，以及来自世界各地的领导人和贵宾出席开幕式，同全场观众共同见证这一历史时刻。

一道耀眼的光环，照亮古老的日晷。体育场中央，随着一声声强劲有力的击打，2008 尊中国古代打击乐器缶发出动人心魄的声音，缶上白色灯光依次闪亮，组合出倒计时数字。在雷鸣般的击缶声和全场观众的欢呼声中，迎来了开幕式正式开始的时刻：北京时间 20 时整。

五彩的焰火沿北京南北中轴线次第绽放，呈现出象征第 29 届夏季奥运会的 29 个巨大脚印。一个个燃烧的脚印穿过夜空，一路向北，在国家体育场上空幻化成飞泻而下的繁星，在地面汇聚成闪闪发光的奥运五环，被空中轻盈起舞的“飞天”仙子缓缓提起……充满浪漫情调和独特创意的奥运五环展现方式，让现场观众深受感染和震撼。

20 时 12 分，全体起立，军乐队奏响中华人民共和国国歌，五星红旗

冉冉升起。

灯光转暗，古琴声起，巨幅画轴缓缓展开，以“美丽的奥林匹克”为主题的大型文艺表演拉开帷幕……艺术家们以新颖的创意、浓郁的中国风情、富有感染力的表现手法，向世界奉献了一部奥林匹克与中华文明交融交汇的华丽乐章。“我和你，心连心，同住地球村。为梦想，千里行，相会在北京……”英国女歌手莎拉·布莱曼和中国歌手刘欢深情地演唱了北京第29届奥林匹克运动会主题歌《我和你》。

21时10分，运动员入场式开始。来自奥林匹克运动发源地的希腊代表团首先入场，其他国家和地区代表团按简化汉字笔画排序的国名顺序先后进场。共有204个国家和地区的代表团参加本届奥运会。

23时09分，东道主中国代表团最后入场。中国体育代表团共1099人，其中参赛选手639人，创中国历届奥运会参赛人数之最，也是本届奥运会参赛运动员最多的代表团。中国队持旗手、篮球运动员姚明拉着四川省汶川县映秀镇渔子溪小学二年级学生林浩的手，走在队伍最前列。

入场过程中，每个运动员都在体育场中央的画面上留下了彩色足迹。五颜六色的足迹与文艺表演留下的图画，共同构成一幅“人类家园”的美丽景象。

23时36分，中国国家主席胡锦涛用洪亮的声音宣布：第29届奥林匹克运动会开幕！

中国代表团在开幕式上入场

2009

2008 年 12 月 26 日下午，中国人民解放军海军舰艇编队从海南三亚启航，赴亚丁湾、索马里海域执行护航任务

第一支远洋护航舰队

亚丁湾当地时间 2009 年 1 月 6 日凌晨，中国海军派赴亚丁湾、索马里海域执行护航任务的第一批舰艇编队抵达任务海域，开始为期 3 个多月的护航任务。

第一批护航舰艇编队由“武汉”号导弹驱逐舰、“海口”号导弹驱逐舰和“微山湖”号综合补给舰组成，并带有 2 架舰载直升机。3 艘军舰共有官兵 880 余名，于 2008 年 12 月 26 日下午从海南三亚军港启航。

护航舰队的主要任务是保护中国航经亚丁湾、索马里海域船舶、人员的安全，保护世界粮食计划署等国际组织运送人道主义物资船舶的安全。护航行动以伴随护航、区域护航和随船护卫等方式进行，不上岸执行任务。

2009 年 4 月 13 日，中国海军第二批护航舰队抵达亚丁湾任务海域，与第一批护航舰队会师。第二批护航舰队由“深圳”号导弹驱逐舰、“黄山”号导弹护卫舰和“微山湖”号综合补给舰组成。

整个舰队共800余人。

4月18日，第一批舰队返航回国。

在120多天的远洋护航过程中，第一批护航舰队3艘军舰累计航程79000多海里，护航商船总吨位达1085万吨，开创了中国海军历史上的多项“第一”：

第一次组织水面舰艇、舰载机和特战队员多兵种跨洋执行非战争军事行动的护航任务。

第一次全程不靠港、远海长时间执行任务，刷新了中国海军舰艇编队连续航行时间和航行里程、舰载直升机飞行架次和飞行时间的纪录。

第一次与多国海军在同一海域执行护航任务，拓展了军事外交的手段和领域。

第一次持续高强度在远离岸基的陌生海域组织后勤、装备保障，积累了远海航行综合保障经验。

2008年12月26日，海军特战队员在军舰上向祖国和人民挥手告别

规模第一的水利枢纽工程
——长江三峡工程

长江三峡工程自1994年12月正式开工以来，第一期工程的主要施工项目进展顺利。这是正在架设的主缆索

毛泽东有一句脍炙人口的诗句——高峡出平湖。这个“高峡”就是长江三峡，这个“平湖”就是长江三峡水库。2009年毛泽东以及中国人民的梦想实现了——长江三峡水利枢纽工程全部完工。

最早提出长江三峡工程设想的是孙中山先生。中华人民共和国成立以后，经过了长期、广泛的论证，全国人民代表大会终于在1992年4月5日通过了《关于兴建长江三峡工程的决议》。从此，中国历史上最大的水利枢纽工程进入了具体实施阶段。1994年12月，长江三峡工程正式开工。

长江三峡水利枢纽工程是长江干流治理开发的战略性水利工程，是中国规模最大的水利枢纽，也是世界上装机容量最大的水力发电站。坝址在湖北省宜昌三斗坪，位于长江三峡中的西陵峡。控制流域面积为100万平方千米，

鸟瞰世界最大水利枢纽工程长江三峡工程

占长江流域面积的56%。枢纽建筑物由大坝、电站厂房、船闸及升船机组成。

长江三峡水利枢纽工程设计总工期17年（1993~2009），其中：第一期工程5年。围中堡岛以右的支汊，主河槽过流通航。第二期工程6年。围左河床，右岸导流明渠过流，明渠与左岸临时船闸通航。第三期工程6年。封堵导流明渠，已建成的枢纽建筑物过流、发电、通航。1997年11月8日实现大江截流，第一期工程完成。2002年11月6日，导流明渠截流成功；2003年6月，实现水库蓄水高至135米、双线五级船闸通航、左岸电站第一批机组发电的第二期工程建设目标。2009年，长江三峡工程竣工。

水电站大坝高185米，蓄水高175米，水库长600余千米，安装32台单机容量为70万千瓦的水电机组，是全世界最大的（装机容量）水力发电站。2010年7月，长江三峡电站机组实现了电站1820万千瓦满出力168小时运行试验目标。

长江三峡工程主要有三大效益，即防洪、发电和航运，其中防洪被认为是长江三峡工程最核心的效益。

第一次承办世界博览会
——2010 年上海世界博览会

2010 年 4 月 30 日，2010 年上海世博会开幕式大型灯光、焰火表演

2010 年以前，大多数国人还不知道世界博览会为何物。不过有少数人可能知道巴拿马万国博览会。因为 1905 年巴拿马万国博览会是中国第一次参加的世界博览会。在那次博览会上，中国的好酒好茶都获得了金奖。

世界博览会是有许多国家参加的规模宏大的产品和艺术品展览会。

第一届世界博览会于 1851 年在伦敦举行。陈列大厅是用预制铸铁梁柱装配结构、外覆大面积玻璃建成的，被称为水晶宫，反映了当时工业生产的先进技术水平，是现代建筑史上的一个里程碑。

截至 2009 年，已经举办了 40 届世界博览会。而第 41 届世界博览会——2010 年上海世界博览会则是中国第一次承办的世界博览会，于 2010 年 5 月 1 日～10 月 31 日在中国上海市举行。

此次博览会的主题为：城市，让生活更美好。副主题是：城市多元文化的融合、城市经济的繁荣、城市科技的创新、城市社区的重塑、城市和乡村的互动。

此次博览会的形象大使有三个：成龙、郎朗和姚明。

2010年上海世博会会徽图案以汉字“世”为书法创意原形，并与数字“2010”巧妙组合，相得益彰。会徽图案从形象上看犹如三人合臂相拥，好似美满幸福、相携同乐的家庭，也可抽象为“你、我、他”的广义人类，对美好和谐的生活追求，表达了世博会“理解、沟通、欢聚、合作”的理念，突显出中国2010年上海世博会以人为本的积极追求。会徽以绿色为主色调，富有生命的活力，增添了向上、升腾、明快的动感和意蕴，抒发了中国人民面向未来，追求可持续发展的创造激情。

2010年9月8日，在上海世博园区主要观景台——卢浦大桥观景台拍摄的世博会吉祥物“海宝”

上海世界博览会的吉祥物命名为“海宝(HAIBAO)”，即取“四海之宝”意，主体为蓝色“人”字造型，是由台湾设计师巫永坚设计的。吉祥物以汉字的“人”作为核心创意，既反映了中国文化的特色，又呼应了上海世博会会徽的设计理念。在国际大型活动吉祥物设计中，率先使用文字作为吉祥物设计的创意是一次创新。“人”字互相支撑的结构，揭示了美好生活要靠你我共创的理念。只有全世界的“人”相互支撑，人与自然、人与社会、人与人之间和谐相处，这样的城市才会让生活更加美好。

上海世博会闭幕时，沙特馆获评A类展馆“创意展示金奖”。此后，沙特方面将展馆捐赠给了上海市

上海世博会创下了6项“世界之最”：

1. 参展规模最大，共有190个国家、56个国际组织参展。

2. 志愿者人数最多。园区共有79965名，其中国内其他省区市有1266名，境外有204名。共分13批次向游客提供了129万班次1000万小时约4.6亿人次的服务。

3. 大约有40个国家和国际组织报名建设自建馆，其数量为历届之最。

4. 投资为286亿元，财政总预算达到3000～4000亿元。

5. 约有2万平方米历史建筑得以保留，是保留园区内老建筑物最多的世博会园区。世博会博物馆与城市足迹馆都设在原江南造船厂的老建筑内。

6. 世博会园区面积最大，在市中心占地5.29平方千米。

2011

2016 年 11 月 1 日，第 11 届中国国际航空航天博览会上，歼 -20 隐形歼击机首次公开亮相

第一架隐形歼击机
——歼 - 20 试飞成功

1991 年的海湾战争中，美国隐形飞机 F-117 大显身手，据说承担了战争中美国空军攻击目标总数的 40%，总计出击达 1271 次，无一受损。

隐形飞机是利用各种技术手段减弱雷达反射波、红外辐射、本身电磁波辐射等特征信息，不易被雷达或红外探测系统发现的飞机。“隐形”仅是一种借喻，并非指飞机在目视能见距离内不被发现。由于隐形技术的采用，一般雷达对这种飞机的发现距离将减小到同样大小的普通飞机的 1/3 左右。

隐形飞机的研制始于 20 世纪 70 年代，如美国的 F-117、F-22 战斗机及 B-2 轰炸机等。第一种真正实用的隐形飞机美国的 F-117A 战斗机于 80 年代初装备部队。

中国空军也有自己的隐形飞机，那就是歼 -20 隐形歼击机。

歼 -20，是中国成都飞机工业（集团）有限责任公司为中国人民解放军研制的第四代双发重型隐形歼击机。该机将担

负中国未来对空、对海的主权维护任务。

歼－20是超音速重型隐形歼击机。最大飞行高度为18000米；作战半径为2000千米。最大飞行速度为3062.7千米每小时。

2011年1月11日中午12时50分左右，歼－20隐形歼击机进行首次升空飞行测试，13时08分成功着陆，历时约18分钟。

2016年8月25日，首架量产型歼－20隐形歼击机交付部队试用。

2016年11月，空军试飞员驾驶歼－20隐形歼击机在第11届中国国际航空航天博览会上进行飞行展示，这是中国自主研制的新一代隐形歼击机首次公开亮相。

2017年7月30日，纪念中国人民解放军建军90周年阅兵式上，歼－20隐形歼击机首次参加检阅。

2018年2月9日，中国空军发布消息，中国自主研制的新一代隐形歼击机歼－20，开始列装空军作战部队，向全面形成作战能力迈出重要一步。

中国科学院院士、歼－20隐形歼击机总设计师杨伟说，歼－20隐形歼击机列装部队，对空军实现战略转型会起到非常大的作用。

杨伟还指出，歼－20隐形歼击机的研发列装历程体现了中国航空工业和空军现代化建设的飞速发展，是中国航空工业自主创新的重要成就，对科技兴军和空军战略转型将产生深远影响。

2017年7月30日，庆祝中国人民解放军建军90周年阅兵在位于内蒙古的朱日和训练基地举行。图为歼击机梯队的歼－20隐形歼击机

习近平第一次阐释“中国梦”的概念

古希腊哲人苏格拉底说道，人类的幸福和欢乐在于奋斗，而最有价值的是为理想而奋斗。

什么是理想？

理想就是梦想，是对未来事物的想象或希望。

梦想就是一种让人们感到坚持就是幸福的东西，甚至其可以视为一种信仰。

2012年11月29日，中共中央总书记、中央军委主席习近平在观看《复兴之路》展览时第一次阐释“中国梦”的概念。

他说：“大家都在讨论中国梦。我认为，实现中华民族伟大复兴，就是中华民族近代以来最伟大的梦想。”他称，到中国共产党成立100年时全面建成小康社会的目标一定能实现，到新中国成立100年时建成富强民主文明和谐的社会主义现代化国家的目标一定能实现，中华民族伟大复兴的梦想一定能实现。

在参观《复兴之路》展览时，习近平用三句诗描摹了中华民族矢志不渝追逐中国梦的壮阔历程——“雄关漫道真如铁”“人间正道是沧桑”“长风破浪会有时”。其中两句引用自毛泽东诗词，“雄关漫道真如铁”用来描述中国百余年艰苦卓绝的奋斗历程，“人间正道是沧桑”用

2013年9月30日，一位行人在北京复兴门桥拍摄“中国梦”主题花坛

2012 年 12 月 9 日，观众在国家博物馆观看《复兴之路》展览

来展现中华民族振兴的壮阔现实，自然贴切，生动形象。

“中国梦”是可望的，也是可及的。

“中国梦”的核心目标也可以概括为“两个一百年”的目标。

“中国梦”就是：到 2021 年中国共产党成立 100 周年和 2049 年中华人民共和国成立 100 周年时，逐步并最终顺利实现中华民族的伟大复兴。具体表现是国家富强、民族振兴、人民幸福，实现途径是走中国特色的社会主义道路、坚持中国特色社会主义理论体系、弘扬民族精神、凝聚中国力量，实施手段是政治、经济、文化、社会、生态文明五位一体建设。

此后，习近平总书记在多个场合，多次提及“中国梦”。

2013 年 3 月 17 日，习近平在第十二届全国人民代表大会第一次会议发表重要讲话时 9 次提到“中国梦”。

——“实现中国梦必须弘扬中国精神。这就是以爱国主义为核心的民族精神，以改革创新为核心的时代精神。这种精神是凝心聚力的兴国之魂、强国之魄。”

——“中国梦归根到底是人民的梦，必须紧紧依靠人民来实现，必须不断为人民造福。”

他特别指出，中国梦是民族的梦，也是每个中国人的梦。生活在我们伟大祖国和伟大时代的中国人民，共同享有人生出彩的机会，共同享有梦想成真的机会，共同享有同祖国和时代一起成长与进步的机会。有梦想，有机会，有奋斗，一切美好的东西都能够创造出来。

习近平坚定地表示：实现中国梦必须走中国道路；实现中国梦必须弘扬中国精神；实现中国梦必须凝聚中国力量。

在中共十九大报告中，“中国梦”更是出现 13 次之多。

7 年来，全国各族人民砥砺奋进，跟着总书记笃行中国梦，无数“中国梦”实践者脚踏实地书写出一篇篇精彩的中国故事。

习近平第一次提出建设“一带一路”的合作倡议

2000 多年前的西汉张骞“凿空”西域，筚路蓝缕，穿越草原沙漠，开辟出联通亚欧非的陆上丝绸之路；我们的先辈扬帆远航，乘长风破巨浪，闯荡出连接东西方的海上丝绸之路。2000 多年后的 2013 年 9 月和 10 月，中国国家主席习近平第一次提出建设“一带一路”（即“丝绸之路经济带”和“21 世纪海上丝绸之路”）的合作倡议。

丝绸之路是中国古代经中亚通往南亚、西亚以及欧洲、北非的陆上贸易通道。因大量中国丝和丝织品多经此路西运，故称丝绸之路，简称丝路。丝绸之路不仅是东西商业贸易之路，而且是中国和亚欧各国间政治往来、文化交流的通道。西方的音乐、舞蹈、绘画、雕塑、建筑等艺术，天文、历算、医药等科技知识，佛教、袄教、摩尼教、景教、伊斯兰教等宗教，通过此路先后传来中国，并在中国产生了很大影响。中国的纺织、造纸、印刷、火药、指南针、制瓷等工艺技术，绘画等艺术手法，儒家、道教思想，也通过此路传向西方。至今，丝绸之路仍是东西交往的友好象征。

2013 年 9 月 7 日，中国国家主席习近平在哈萨克斯坦纳扎尔巴耶夫大学发表题为《弘扬人民友谊 共创美好未来》的重要演讲，倡议共同建设“丝绸之路经济带”。10 月 3 日，习近平主席在印度尼西亚国会发表题为《携手建设中国—东盟命运共同体》的重要演讲，倡议筹建亚洲基础设施投资银行，与东盟国家共同建设“21 世纪海上丝绸之路”。

2013 年 10 月 22 日，丝绸之路商旅文化博览会在西安大唐西市举行

习近平主席提出的“一带一路”旨在借用古代“丝绸之路”的历史符号，高举和平发展的旗帜，主动地发展与沿线国家的经

2016 年 6 月 25 日，亚洲基础设施投资银行首届年会在北京举办

济合作伙伴关系，共同打造政治互信、经济融合、文化包容的利益共同体、命运共同体和责任共同体。

“一带”，指的是“丝绸之路经济带”，是在陆地。它有三个走向，从中国出发，一是经中亚、俄罗斯到达欧洲；二是经中亚、西亚至波斯湾、地中海；三是中国到东南亚、南亚、印度洋。“一路”，指的是“21 世纪海上丝绸之路”，重点方向有两条，一是从中国沿海港口过南海到印度洋，延伸至欧洲；二是从中国沿海港口过南海到南太平洋。

正如习近平主席说的那样——从亚欧大陆到非洲、美洲、大洋洲，共建“一带一路”为世界经济增长开辟了新空间。“一带一路”沿线 65 个国家之间工业化水平差距较大，涵盖了工业化进程的各个阶段。其中，处于前工业化时期的国家只有 1 个，处于工业化初期阶段的国家有 14 个，处于工业化中期阶段的国家有 16 个，处于工业化后期阶段的国家有 32 个，而处于后工业化时期的国家只有 2 个。

“一带一路”倡议的推出，表明一个和平崛起的大国的工业化进程正在产生更大的“外溢”效应。中国将与“一带一路”沿线国家通过政策沟通、设施联通、贸易畅通、资金融通、民心相通的“互联互通”，实现工业产能合作以及其他各个方面的更广、更深层面的区域经济合作，从而促进“一带一路”沿线国家产业升级、经济发展和工业化水平的进一步提升，这对世界工业化进程的推进意义巨大。

“一带一路”带来的成果主要有：肯尼亚蒙巴萨—内罗毕标轨铁路（蒙内铁路）、中匈协议、亚洲基础设施投资银行、巴基斯坦卡拉奇—拉合尔高速公路、中巴经济走廊、中亚天然气管线项目、印度尼西亚雅加达至万隆的高速铁路（雅万铁路）、老挝铁路、孟加拉希拉甘杰电站第二期工程、乌克兰“一带一路”贸易投资促进中心、中欧班列等。

第一架大型军用运输机
——“胖妞”运－20运输机试飞成功

2014年11月11日，第10届中国国际航空航天博览会上，运－20运输机正式亮相

令美国和俄罗斯引以为豪的是，她们的空军都拥有强大的战略投送能力。2013年，中国不甘落后，也拥有了自己的“国之重器”——运－20大型运输机。

军事运输机是用于运送军事人员、武器装备和其他军用物资的军用飞机，具有较大的载重量和续航能力，能执行空运、空投、空降任务，保障地面部队从空中快速机动。一般采用上单翼布局，大展弦比机翼，宽体机身结构，装2~4台发动机。货舱容积较大，舱内通常配有起吊和滚棒装置，用于装卸无动力的笨重装备。起落架大多采用多支柱多轮式，装中、低压轮胎，以便于在简易的野战机场甚至砂石跑道上起降。

世界上，典型的战略运输机有美国的C－5“银河”运输机、俄罗斯的伊尔－76、乌克兰的安－124。C－5B运输机最大载重118吨，最大载重航程5526千米。安－124运输机最大载重150吨，最大载重航程4500千米。

2013年，中国空军有了自己的大型运输机——运－20大型运输机。这是中国航空工业的一个重要的里程碑。中国通过

2016年7月6日，两架即将交付的运-20运输机从机库移向跑道

研制运-20大型运输机一跃成为世界上第三个具备大型军用运输机研究制造能力的国家。

运-20运输机,绰号为“鲲鹏”,俗称“胖妞”，是中国研究制造的新一代军用大型运输机，由中国航空工业集团公司第一飞机设计研究院设计、西安飞机工业集团为主制造。2013年1月26日，运-20运输机首次试飞成功。2016年7月6日,运-20运输机正式列装人民空军航空兵部队。这种大型、多用途运输机，在国际维和行动、战略投送等方面大幅提升了空军作为战略性军种的地位和作用。如今随着运-20运输机的批量装备，中国人民解放军已经初步具备了战略空军的雏形。

运-20运输机作为大型多用途运输机，可在复杂气象条件下执行各种物资和人员的长距离航空运输任务。

运-20运输机研发参考俄罗斯伊尔-76运输机的气动外形和结构设计，并且融合了美国C-17运输机的部分特点。

敦敦实实的运-20运输机最大起飞重量220吨，载重超过66吨，最大时速≥800千米，航程大于7800千米，实用升限13000米。拥有高延伸性、高可靠性和安全性。

运-20运输机一次能运载2辆卡车或散装货物20吨，一次可乘坐全副武装士兵96名，或可乘坐空降伞兵82名。货舱内可安装60副担架床，一次可转运重伤员60名、轻伤员23名，还可随乘3名医护人员。

对中国来说，运-20运输机的重要性不亚于歼-20隐形歼击机的重要性。在战略空军建设领域，运-20运输机甚至是比歼-20隐形歼击机更加重要的关键飞机。因为运-20运输机是未来中国战略运输机队的中坚力量，这对于中国空军的远距离投射有着无可取代的重要意义。

运-20运输机还可以改装为电子侦察机、电子干扰机、空中加油机、医疗救护机等。

新时代第一次全军政治工作会议
——古田全军政治工作会议

1929 年 12 月 28 ~ 29 日，红军第四军第九次代表大会在福建上杭县古田镇举行。图为福建上杭县古田会议旧址——古田会议会议厅内景。2014 年，古田全军政治工作会议在古田会议旧址举行

1929年10月11日，重阳节。毛泽东写下一首《采桑子》。词曰：“人生易老天难老，岁岁重阳。今又重阳，战地黄花分外香。”两个月后，在古田廖家祠堂，毛泽东领导召开具有里程碑意义的红四军党的第九次代表大会。

12月28～30日，在福建上杭县古田镇召开的中国共产党红军第四军第九次代表大会，已经成为建党建军史上的重要里程碑。古田是我们党确立思想建党、政治建军原则的地方，是我军政治工作奠基的地方，是新型人民军队定型的地方。

古田会议的主要任务是克服由于红四军的组织成分和艰苦战斗环境而出现的各种非无产阶级思想，加强党对军队的领导。

85年以后的2014年10月30日，又是一个金色秋天，中共中央总书记、国家主席、中央军委主席习近平在福建省上杭县古田镇古田会议旧址领导召开了新的全军政治工作会议。这次会议是古田会议的继承和发展。

这次会议也是具有里程碑意义的历史性会议。那就是，坚定正确的政治方向，进一步明确我军的建军原则，铸牢我军的军魂，在新的历史条件下，始终保持人民军队的优良传统和作风，毫不动摇地走中国特色社会主义的强军之路。

会议上，习近平主席明确提出了三个“绝对”。要求必须把听党指挥作为军队建设的首要，确保部队绝对忠诚、绝对纯洁、绝对可靠。

习近平主席指出，革命的政治工作是革命军队的生命线。实行革命的政治工作，保证了我军始终是党的绝对领导下的革命军队，为我军战胜强大敌人和艰难险阻提供了不竭力量，使我军始终保持了人民军队的本色和作风。

习近平主席深刻剖析了部队中特别是领导干部在思想政治和作风上存在的十个方面的突出问题，并一针见血地指出，出现这些问题的最根本原因是理想信念、党性原则、革命精神、组织纪律、思想作风等方面出了问题，要从政治工作的角度进行反思，把我军政治工作的优良传统恢复和发扬起来。

这次会议释放了五大信号：第一，坚持党对军队的绝对领导，旗帜鲜明地反对军队国家化；第二，抓好高中级干部管理，净化军队政治生态；第三，抓好作风建设和反腐败斗争，根除醉太平心态；第四，从难从严从实战要求出发摔打部队，把战斗力标准在全军牢固树立起来；第五，提高政治工作信息化、法治化、科学化水平。

习近平主席在会议上的重要讲话精神的时代意义，是开启了我军“再赶考”“再出发”的新征程，开拓了政治工作与强国强军同步推进的新境界，拉开了我军大刀阔斧革弊鼎新的新序幕。

2015

2015 年 12 月 10 日，在瑞典首都斯德哥尔摩音乐厅举行的 2015 年诺贝尔奖颁奖仪式上，中国科学家屠呦呦领取诺贝尔生理学或医学奖

第一个诺贝尔生理学或医学奖获得者——药学家屠呦呦

2015 年 10 月 5 日，瑞典卡罗琳医学院在斯德哥尔摩宣布，中国女科学家屠呦呦和一名日本科学家及一名爱尔兰科学家分享 2015 年诺贝尔生理学或医学奖，以表彰他们在疟疾治疗研究中取得的成就。屠呦呦的获奖理由是她发现了青蒿素，这种药品可以有效降低疟疾患者的死亡率。

屠呦呦由此成为迄今为止第一位获得诺贝尔科学奖项的中国本土科学家、第一位获得诺贝尔生理学或医学奖的华人科学家，由此实现了中国人在自然科学领域诺贝尔奖零的突破。

屠呦呦的名字缘起《诗经 · 小雅》的名句“呦呦鹿鸣”，意为鹿鸣之声。

1930 年 12 月 30 日屠呦呦生于浙江宁波，1951 年考入北京大学，在医学院药学系生药专业学习。1955 年，毕业于北京医学院（今北京大学医学部）。毕业后曾接受中医培训两年半，并一直在中国中医研究院（2005 年更名为中国中医科学院）工作，期间先后晋升为硕士生导师、博士生导师，现为中国中医科学院终身研究员兼首席研究员，青蒿素研究开发中心主任。

疟疾，亦称“打摆子”，是一种严重危害人类生命健康的寄生虫病，已有3000多年的流行历史。

中华人民共和国成立以前，疟疾在中国各地流行猖獗。共和国成立初期，党和人民政府将疟疾病防治列为卫生防疫工作的一项重要任务。为控制疟疾病，中国在1958年先后仿制成功氯喹、伯氨喹等重要抗疟药，不仅供应国内需要，还出口部分药品到国外，控制了疟疾病的流行。

由于疟原虫对喹啉类药物产生抗药性，研制新的抗疟药成为世界医药界的重点热门课题，各国不惜花费大量人力和物力寻找有效抗疟药，特别是美国，为了侵越战争的需要，筛选了30多万个化合物，始终无满意结果。

中国抗疟新药研究始于1964年，在1967年曾组织全国七省市科研机构研究筛选中草药3200多种，也未获满意结果。国内外抗疟新药研制陷入困境。

以中国中医研究院中药研究所药学家屠呦呦为首的课题组，历经380多次失败，于1971年10月4日从中药青蒿中找到化学结构全新的抗疟药——青蒿素。1972~1978年进行临床验证，共治疗2099例疟疾，全部获得临床痊愈，使青蒿素真正成为令世人瞩目的抗疟新药。1985~1992年，历经7年努力，屠呦呦等药学家又开发出药效高、毒性低、剂量小、服用方便的抗疟新药——双氢青蒿素，并研制出片剂与栓剂两种类型，解决了病人的各种临床需求，为攻克世界医药学难题做出了贡献。

青蒿素1986年获得中国第一个“一类新药”证书，也是中国被世界公认的第一个创新药物。随后，双氢青蒿素及有关制剂也获得国家“一类新药”证书。这些成果分别获国家发明奖、全国十大科技成就奖和国家科技进步一等奖。

屠呦呦以出色的科研工作成绩，在1987年被世界文化理事会授予阿尔伯特·爱因斯坦世界科学奖状。2016年3月，屠呦呦获影响世界华人终身成就奖。2017年1月9日，获国家最高科学技术奖。2018年12月18日，获改革先锋称号，获颁改革先锋奖章，并获评“中医药科技创新的优秀代表”。

2015年10月16日，工作中的屠呦呦

2016

2018 年 9 月 10 日无人机拍摄的“中国天眼”500 米口径球面射电望远镜全景

第一个射电望远镜
——500 米口径球面射电望远镜建成

外星人，对于地球人而言是神秘的。人类也渴望了解外星文明，在不断探索宇宙的奥秘。

中国贵州大山里面有一口探测宇宙奥秘的“大锅”——500 米口径球面射电望远镜（FAST）。

射电望远镜是接收并研究宇宙和天体的无线电波（频率 20 千赫至 3 吉赫，即射电）的强度、频谱或偏振以及这三个量变化的装置。包括收集射电波的定向天线，放大射电信号的高灵敏度接收机，信息记录、处理和显示系统，计时系统，环境检测设备，计算机控制和管理等。

2016 年 7 月 3 日，位于中国贵州省平塘县境内的 500 米口径球面射电望远镜，顺利安装最后一块反射面单元。这标志着其主体工程完工，进入测试调试阶段。9 月 25 日，这架射电望远镜落成启用，平塘大射电景区于 9 月 26 日起试运营。2017 年 10 月 10 日，国家天文台宣布，500 米口径球面射电望远镜发现两颗新脉冲星，地球听到了来自 1.6 万光年外的声音。

中国的500米口径球面射电望远镜，俗称“中国天眼”。

这架巨大的天文望远镜是借助天然圆形溶岩坑建造的。其反射镜边框是1500米长的环形钢梁，而钢索则依托钢梁，悬垂交错，呈现出球形网状结构。其反射面总面积约25万平方米，用于汇聚无线电波，供馈源接收机接收。

截至2018年9月12日，500米口径球面射电望远镜已发现59颗优质的脉冲星候选体，其中有44颗已被确认为新发现的脉冲星。它有望于2019年下半年完成验收并向全国天文学家开放使用。

500米口径球面射电望远镜属于国家重大科技基础设施，是世界上已经建造完成的口径最大、最具威力的单天线射电望远镜，其设计综合体现了中国高技术创新能力。它将在基础研究众多领域，发挥不可替代的作用。其建设将推动众多高科技领域的发展，提高原始创新能力、集成创新能力和引进消化吸收再创新能力。它的建设与运行将促进西部经济的繁荣和社会进步，符合国家区域发展总体战略。

说到500米口径球面射电望远镜，我们自然而然地要提及南仁东先生。

南仁东（1945~2017）是该项目的发起人及首席科学家、总工程师，被誉为“天眼巨匠”。

南仁东是中国天文学家、中国科学院国家天文台研究员。主要研究领域为射电天体物理和射电天文技术与方法，负责国家重大科技基础设施500米口径球面射电望远镜的科学技术工作。

南仁东不计个人名利得失，长期默默无闻地奉献在科研工作第一线，与全体工程团队人员一起通过不懈努力，迈过重重难关，实现了让中国拥有世界一流水平望远镜的梦想。

2017年9月15日，南仁东因病逝世，享年72岁。2018年12月18日，中共中央、国务院授予南仁东同志改革先锋称号，授予其改革先锋奖章，并称其为“中国天眼”的主要发起者和奠基人。

工作人员在FAST馈源舱内工作

2013年7月19日，南仁东在大窝凼施工现场

第一个疏解北京非首都功能的国家级新区——雄安新区

2018 年 12 月 7 日，雄安新区市民服务中心

北京的南边儿有一大片水面。这片水面就是著名的白洋淀。这里的夏季，满淀荷花盛开，红白相间，白洋淀的夏天令人陶醉；这里的秋季，百里苇海，芦花飞雪，白洋淀的秋天美不胜收。

白洋淀周边有 3 个县——雄县、容城、安新。2017 年，中共中央、国务院决定在这里设立雄安新区。

2017 年 2 月 23 日，习近平总书记第一次来到河北省安新县考察雄安新区规划建设工作，并在安新县召开新区规划建设工作座谈会。习近平总书记就雄安新区规划建设发表了重要讲话，对规划设计建设提出“高起点、高标准、高水平”的总要求。

2017 年 4 月 1 日，中共中央、国务院决定在此设立国家级新区。雄安新区规划建设以特定区域为起步区先行开发。

2018 年 4 月 14 日，中共中央、国务院批复《河北雄安新区规划纲要》。4 月 21 日，《河北雄安新区规划纲要》正式发布。

从此，雄安新区这项被称为“千年大计”“国家大事”的新城计划正式进入公众视野。

雄安新区包括河北省雄县、容城、安新 3 县及周边部分区域。起步区面积约 100 平方千米，发展区域面积约 200 平方千米。

2018年2月12日，建设者在雄安市民服务中心项目现场

雄安新区地处北京、天津、保定腹地，区位优势明显、交通便捷通畅、生态环境优良、资源环境承载能力较强。

雄安新区现有开发程度较低，发展空间充裕，具备高起点高标准开发建设的基本条件。

设立雄安新区是以习近平同志为核心的党中央做出的一项重大的历史性战略选择，是继深圳经济特区和上海浦东新区之后又一具有全国意义的新区，是千年大计、国家大事。对于集中疏解北京非首都功能，探索人口经济密集地区优化开发新模式，调整优化京津冀城市布局和空间结构，培育创新驱动发展新引擎，具有重大现实意义和深远历史意义。

2018年12月，国务院正式批复《河北雄安新区总体规划（2018～2035年）》。新区规划范围包括雄县、容城、安新3县行政辖区，含白洋淀水域，以及任丘市州镇等4个乡镇，规划面积1770平方千米。规划期限至2035年，近期至2022年。

习近平总书记关于雄安新区的战略构想是："深入研究、科学论证，规划建设具有相当规模、与疏解地发展环境相当的集中承载地。"

总体规划和相关专项规划的编制，国内200多个规划设计机构和科研院所参与其中，在推进专业领域深入研究的同时，加强综合统筹协调，真正做到多规合一。

2019年1月16日上午，习近平总书记来到河北雄安新区考察调研。在市民服务中心，总书记听取了雄安新区总体规划、政策体系及建设情况介绍，视察了服务窗口，与工作人员、办事群众和部分进驻企业代表亲切交流，并与建设工地工人进行了视频连线。

在雄安新区规划展示中心，总书记强调，建设雄安新区是千年大计。新区首先就要新在规划、建设的理念上，要体现出前瞻性、引领性。要全面贯彻新发展理念，坚持高质量发展要求，努力创造新时代高质量发展的标杆。

第一艘国产万吨级驱逐舰
——055型导弹驱逐舰下水

1840年鸦片战争初期，英国出动了16艘军舰。其中，战列舰3艘、巡航舰5艘、轻巡舰8艘。在英国“坚船利炮”的打击下，中国一败涂地，被迫签订了《南京条约》，打开了国门。

时隔170余年，中国海军已经不是昔日的海军。我们的军舰已不可同日而语，我们拥有了航空母舰、驱逐舰、护卫舰。尤其是，我们拥有了万吨级的驱逐舰——055型导弹驱逐舰。中国人民受欺辱的日子一去不复返了。

驱逐舰，是以导弹、鱼雷、舰炮和直升机为主要武器，具有多种作战能力的中型水面战斗舰艇。海军舰艇编队中的重要舰种之一。用于攻击潜艇和水面舰船，担负己方舰艇编队的防空、反潜、护航以及侦察、巡逻、警戒、封锁、搜索、救援、支援登陆和抗登陆作战等任务。

055型导弹驱逐舰是中国船舶重工集团701研究所设计、江南造船厂与大

2017年6月28日，海军新型驱逐舰首舰下水仪式在上海江南造船厂举行

2019 年 4 月 23 日，庆祝中国人民解放军海军成立 70 周年海上阅兵活动在青岛附近海空域举行。图为“南昌”号导弹驱逐舰

连造船厂共同承建的、装备新型有源相控阵雷达的新型舰队防空驱逐舰，是航空母舰的“保护神”。

055 型导弹驱逐舰全舰主要天线采用共形设计，具有较高的信息化水平及隐形性能，可组织远、中、近三层先期预警防御网，并有较强的防空、反导、反潜、反舰、攻陆和电子战能力。

055 型导弹驱逐舰拥有较高的续航力、自持力及适航性，可在除极区外无限航区遂行作战任务。本级舰首舰已于 2017 年 6 月 28 日在上海江南造船厂下水。

055 型导弹驱逐舰的出现对于中国海军来说意义非凡。这是中国海军第一款在平台和设计理念上就达到世界先进甚至局部领先水平的舰船。

055 型导弹驱逐舰也是第一次在驱护舰的设计上实现远程攻防兼备的大潜力优秀平台，是中国海军走向深蓝海域的先锋。

第一艘 055 型导弹驱逐舰被命名为“南昌”号，舷号为“101”。网友们亲热地称其为“万吨大驱”。

2019 年 4 月 23 日，中国人民解放军海军成立 70 周年海上阅兵活动在青岛举行。“南昌”号率驱逐舰群乘风破浪，接受习近平主席的检阅。

2018

2018 年 7 月 11 日无人机拍摄的港珠澳大桥

世界第一长的跨海大桥
——港珠澳跨海大桥通车

中国有一项技术世界第一，那就是造桥技术。古有河北的赵州桥、潮州的广济桥、泉州的洛阳桥，近有杭州的钱塘江大桥，今有港珠澳跨海大桥。

伶仃洋上叹伶仃——港珠澳跨海大桥跨越珠江口伶仃洋海域，是以公路桥的形式连接香港、珠海及澳门的大型跨海通道，也是世界上最长的跨海大桥。港珠澳大桥的起点是香港大屿山，经大澳，跨越珠江口，最后分成 Y 字形，一端连接珠海，一端连接澳门。整座大桥按六车道高速公路标准建设，设计行车时速 100 千米，总长约 55 千米。

2009 年 12 月 15 日，港珠澳大桥正式开工建设。2016 年 9 月 27 日，港珠澳大桥主体工程全线贯通。2017 年 5 月 2 日，港珠澳大桥沉管隧道顺利合龙；7 月 7 日，港珠澳大桥海底隧道段的连接工作顺利完成。2018 年 10 月 24 日上午 9 时，港珠澳大桥正式通车。

港珠澳大桥是中国建筑史上里程最长、投资最多、施工难度最大的跨海大桥。在港珠澳大桥的建设过程中，科学家和工程师们创造了 400 多项新专利、7 项世界之最。这座大桥建造技术堪称交通工程界的“珠穆朗玛峰”。

港珠澳大桥使得港珠澳三地的陆地通行从 4 个小时缩短到了 30 分钟，连

起世界最具活力经济区，其建成对香港、澳门、珠海三地经济社会一体化意义深远。同时也将两种行政体制、两种经济制度，甚至是两种不同的生活文化紧密连接在了一起。从某种程度上而言，这减少了三地之间的空间隔阂。

2018年10月23日上午，港珠澳大桥开通仪式在广东省珠海市举行。中共中央总书记、国家主席、中央军委主席习近平出席仪式，宣布大桥正式开通并巡览大桥。

习近平强调，港珠澳大桥的建设创下多项世界之最，非常了不起，体现了一个国家逢山开路、遇水架桥的奋斗精神，体现了中国综合国力、自主创新能力，体现了勇创世界一流的民族志气。这是一座圆梦桥、同心桥、自信桥、复兴桥。

杭州湾跨海大桥通车

杭州西湖的苏堤素有“长桥卧波”之美誉。而在苏堤东面140多千米的杭州湾跨海大桥也犹如一道靓丽的彩虹飞架杭州湾南北。在港珠澳大桥建成之前，杭州湾跨海大桥是中国最长的跨海大桥。

2008年5月1日下午，杭州湾跨海大桥通车仪式在大桥海中平台附近举行。这座南起宁波慈溪、北至嘉兴海盐、全长36千米的大桥，是国道主干线——同（江）三（亚）线跨越杭州湾的便捷通道，北起嘉兴市海盐郑家埭，跨越宽阔的杭州湾海域后止于宁波市慈溪水路湾。

杭州湾跨海大桥按双向六车道高速公路设计，设计时速为100千米，设计使用年限100年，总投资约118亿元。杭州湾跨海大桥规模在世界同类桥梁中名列前茅；由于海湾水文情况复杂，潮差大、潮流急、风浪大、冲刷深，杭州湾跨海大桥是中国最典型的海湾大桥；杭州湾跨海大桥施工环境差，滩涂区长达10千米，作业远离岸线，又易受台风等天气条件影响，它也是世界上工程难度最大的桥梁之一。

2018

2018 年 11 月 5 日，中国国际进口博览会在上海开幕

第一届中国国际进口博览会

改革开放四十年来，中国创造了很多的“世界第一”。

在上海举办国际进口博览会是中国的又一大创举，这是迄今为止第一个以进口为主题的国家级博览会。这在当今世界贸易促进领域也是独一无二的。

中国国际进口博览会是由中华人民共和国商务部、上海市人民政府主办的博览会。

举办此次博览会的目的是，坚定支持贸易自由化和经济全球化，主动向世界开放市场。

2017 年 5 月，习近平主席在“一带一路”国际合作论坛上宣布，中国将从 2018 年起举办中国国际进口博览会。

2018 年 11 月 5 日至 10 日，第一届中国国际进口博览会在国家会展中心(上海）举办。中国国家主席习近平出席开幕式并参加相关活动。

在开幕式上，国家主席习近平发表题为《共建创新包容的开放型世界经济》的主旨演讲，强调回顾历史，开放合作是增强国际经贸活力的重要动力；立足当今，开放合作是推动世界经济稳定复苏的现实要求；放眼未来，开放合作是促进人类社会不断进步的时代要求。

第一届中国国际进口博览会的主题口号是“新时代，共享未来”。

博览会的标识由中间的地球、外侧的浅蓝色圆环、进口博览会中英文名称和英文缩写等部分组成。

博览会的吉祥物是一只胖乎乎的熊猫，名为“进宝”。

“进宝”围着一条绣着进口博览会标识的黄蓝色围巾，黄色代表“丝绸之路经济带”，蓝色代表“21世纪海上丝绸之路”，黄蓝色调体现了进口博览会与“一带一路”倡议的紧密联系。

在首届进博会上，一位来自伊朗的展商（左）向参观者介绍波斯地毯

吉祥物手中所持的四叶草，既代表了进口博览会的举办地国家会展中心（上海）主体建筑的造型，又具有幸福幸运的象征意义。

在首届进博会上，德国卡尔蔡司公司的一架精密检测机器人在展台上展出

博览会有8个展区：国家贸易投资综合展区、消费电子及家电展区、服装服饰及日用消费品展区、高级汽车展区、智能及高端装备展区、食品及农产品展区、医疗器械及医药保健展区、服务贸易展区。

除中国外，还有81个国家和世界贸易组织、联合国工业发展组织、联合国国际贸易中心等参展，共设立71个展台，展览面积约3万平方米。

81个参加展览的国家包括，亚洲20国，非洲8国，欧洲21国，美洲21国，大洋洲11国。

印度尼西亚、越南、巴基斯坦、南非、埃及、俄罗斯、英国、匈牙利、德国、加拿大、巴西、墨西哥12个主宾国都设立了独具特色的国家馆。

世界各地共有3600家企业携带产品参加展览。从食品到药品，从电器到汽车，超20000件产品，逾5000件展品是在中国第一次展出。其中，仅日本、韩国、美国、澳大利亚、德国、意大利这6个国家，就带来了1/3的展品。

第二届中国国际进口博览会将于2019年11月5～10日在上海举办。

第一个外商投资法
——《中华人民共和国外商投资法》

法律是治国之重器，良法是善治之前提。

2019年3月15日，第十三届全国人民代表大会第二次会议通过了《中华人民共和国外商投资法》（简称《外商投资法》）。

《外商投资法》是改革开放初期的“外资三法”的继承发展，是“外资三法”的延续，是中国改革开放的必然结果。

1979年，中国颁布实施《中外合资经营企业法》，1986年和1988年又相继出台《外资企业法》和《中外合作经营企业法》。这三部法律被统称为“外资三法”。

“外资三法”在中国改革开放初期以及在利用外资和扩大改革开放的过程中做出了重大贡献。

40年来，在1992年邓小平南方谈话、中国加入世界贸易组织（WTO）等重大历史节点，“外资三法”都曾进行过微调。

虽经修改，但随着国内外形势发展变化，“外资三法”已经难以适应全面深化改革和进一步扩大开放的需要，更为突出的问题是，“外资三法”已经与开放型的经济体制很难相适应。于是，“三法合一”的呼声开始出现。

中共十八大以来，以习近平为核心的中共中央，在中国特色社会主义思想理论和实践方面有了进一步的创新和突破，形成了新时期指导中国经济社会发展的习近平新时代中国特色社会主义思想体系，这一思想体系包括“五大发展理念”、“四个全面”战略布局、坚定维护经济全球化、维护多边贸易等涉及国内经济社会发展和全球治理思想。《外商投资法》正是在习近平新时代中国特色社会主义思想指导下出台的一部为中国推动新一轮高水平对外开放提供更加有力的法治保障的基础性法律。

《外商投资法》具有三大特点。

第一，《外商投资法》体现了中国全面深化改革和进一步扩大开放的坚强意志：2017年8月，习近平总书记在中央财经领导小组第十六次会议上特别强调，要加快统一内外资法律法规，制定新的外资基础性法律。要清理涉及外资的法律、法规、规章和政策文件，凡是同国家对外开放大方向和大原则不符的法律法规或条款，要限期废止或修订。

第二，《外商投资法》体现了中国全面依法治国的理念：全面依法治国是“四个全面”核心内容之一。2014年10月，中国共产党第十八届中央委员会第四次全体会议发布了《中共中央关

2016 年 8 月 29 日，在满洲里火车站停满了装载着俄罗斯进口木材的列车

于全面推进依法治国若干重大问题的决定》。2017 年 10 月 18 日，习近平总书记在十九大报告中将坚持全面依法治国确立为新时代中国特色社会主义思想的精神实质和丰富内涵之一。

第三，《外商投资法》体现了中国坚定维护多边投资贸易的决心：中国出台了《外商投资法》，通过国家立法促进和保护外商投资，以实际行动向世界宣示了中国始终奉行互利共赢的开放战略、支持贸易投资自由化便利化、积极推动建设开放型世界经济的鲜明态度和坚定立场。

《外商投资法》并不是在外部压力之下的不得已而为之的“无奈之举”，早在 2014 年中共中央就决定制订《外商投资法》。

实际上，这部被定位为外商投资基础性法律的法律草案，早在 2011 年就开展了修法研究，2015 年第一次公开征求意见，当时法案名称为《中华人民共和国外国投资法》，全文 18 211 字。

2018 年年末，商务部、国家发展改革委员会、司法部征求中共中央财经工作领导小组办公室、外交部、财政部、人民银行等 72 个中央有关单位以及地方人民政府等方面的意见，形成了《中华人民共和国外商投资法（草案）》。

相信《外商投资法》的出台，不仅将进一步增强外商投资的信心，还将给外商投资带来更大的收获。